中国新华书店发展大系

《中国新华书店出版大系·宁夏卷（1949—2017）》编纂委员会 编

宁夏卷
1949
2017

黄河出版传媒集团
宁夏人民出版社

图书在版编目(CIP)数据

中国新华书店发展大系. 宁夏卷：1949—2017 /《中国新华书店发展大系·宁夏卷(1949—2017)》编纂委员会编. — 银川：宁夏人民出版社，2017.3

ISBN 978-7-227-06623-1

I. ①中… II. ①中… III. ①新华书店—史料—宁夏 IV. ①G239.27

中国版本图书馆 CIP 数据核字（2017）第 059192 号

中国新华书店发展大系·宁夏卷(1949—2017)

《中国新华书店发展大系·宁夏卷(1949—2017)》编纂委员会　编

责任编辑	李彦斌
装帧设计	陈　楠
版式设计	王　蓓
责任印制	肖　艳

黄河出版传媒集团　宁夏人民出版社　出版发行

出 版 人	王杨宝
地　　址	宁夏银川市北京东路 139 号出版大厦(750001)
网　　址	http://www.nxpph.com　　http://www.yrpubm.com
网上书店	http://shop126547358.taobao.com　　http://www.hh-book.com
电子信箱	nxrmcbs@126.com　　renminshe@yrpubm.com
邮购电话	0951-5019391　5052104
经　　销	全国新华书店
印刷装订	宁夏凤鸣彩印广告有限公司
印刷委托书号	(宁)0004636

开　本	787 mm × 1092 mm　　1/16
印　张	12　　字　数　200 千字
版　次	2017 年 4 月第 1 版
印　次	2017 年 4 月第 1 次印刷
书　号	ISBN 978-7-227-06623-1
定　价	45.00 元

版权所有　侵权必究

成长轨迹

1. 宁夏回族自治区新华书店初建时

2. 20 世纪 60 年代流动售书

3. 1984 年，宁夏回族自治区新华书店企业整顿验收合格会

1~3. 20世纪70—80年代新华书店门市一览

1. 20世纪70—80年代固原新华书店

2~3. 20世纪80年代石嘴山市新华书店

4. 20世纪90年代石嘴山市新华书店

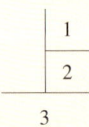

1. 20世纪80年代石嘴山市新华书店职工合影留念

2.《邓小平文选》第一、二卷第二版在石嘴山市新华书店发行

3. 1997年，新华书店建店60周年店庆总结表彰大会代表合影

1. 石嘴山市新华书店中心大楼开业典礼合影
2. 20世纪90年代,固原新华书店营业大楼开业典礼

1. 银川市新华书店银川书城开业
2. 鼓楼新华书店扩建竣工开业

1. 2013年，宁夏新华发行（集团）有限公司召开第一次党员代表大会
2. 2013年，宁夏新华发行集团中层管理人员竞聘大会

$\frac{1}{2}$ 1~2. 召开中共宁夏新华书店集团第二次党员代表大会

1. 2014年，宁夏回族自治区新华书店经营分析会
2. 2015年，固原新华书店校园店成立

1. 2016年，宁夏新华书店集团全区经理工作会议在中宁召开
2. 银川市新华书店举行作者见面会

1. 教材库房忙中有序
2. 灵武新华书店卖场中的小读者

服务基层

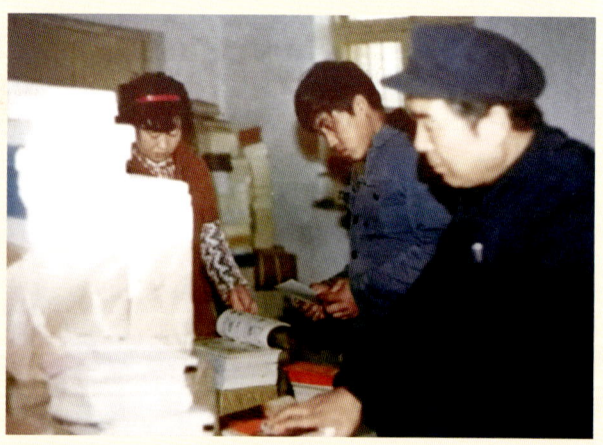

1. 1977年4月15日,《毛泽东选集》第五卷在银川发行

2. 20世纪80年代石嘴山市新华书店门市一角

3. 20世纪80年代库房图书入库验收

1	2
3	

1. 20世纪90年代初，石嘴山市新华书店国庆节图书展销

2. 1991年7月，《毛泽东选集》第二版银川首发式

3. 1994年11月2日，银川市新华书店举行《邓小平文选》第一、二卷第二版首发仪式

1. 宁夏新华书店集团流动售书车售书现场
2. 宁夏新华书店集团承办"我的中国梦"全区青少年主题读书活动

1. 银川市新华书店举办首届汉字听写比赛
2. 固原市新华书店卖场一角

1. 红寺堡区新华书店下乡流动售书
2. 贺兰县新华书店节日期间下乡流动售书

1. 宁夏新华书店集团积极参与全民阅读活动
2. 图书进军营

亲切关怀

1. 2013年，宁夏回族自治区第九督导组在自治区新华书店视察
2. 2016年4月22日，中卫市新华书店"读客·书苑"正式开业

1. 2016年9月20日，宁夏回族自治区党委常委、宣传部部长、自治区政协副主席蔡国英等领导出席《胡锦涛文选》首发仪式

2. 黄河出版传媒集团领导视察固原新华书店校园店

1. 领导视察银川市新华书店
2. 宁夏新华书店集团举办群众路线教育实践活动专题学习班

企业文化

1. 1997年，参加全国新华书店60周年店庆知识技能比赛宁夏赛区人员合影

2. 召开宁夏图书发行工作经验交流会

3. 20世纪80年代石嘴山市新华书店召开店务会议

$\frac{1}{2}$ 1~2. 20世纪80年代新华书店业务知识技能大赛

1. 20世纪80年代新华书店技能大赛售书连续作业
2. 20世纪80年代新华书店技能大赛珠算比赛

1. 20世纪80年代新华书店技能大赛理论知识竞赛现场

2. 1993年全区新华书店图书订货会合影留念

1. 2012年，宁夏回族自治区新华书店参加"黄河春潮"演出
2. 2014年，全区新华书店经理学习营销与管理

1. 2014年，宁夏新华书店集团举办"整作风、提素质、树形象、谋发展"主题演讲比赛

2. 图书造型比赛评比

1. 宁夏新华书店集团召开 2015 年上半年经营管理会
2. 全区新华书店系统职工演讲比赛（固原片区）预赛

1. 2016年全国技能大赛宁夏赛区POP竞赛现场
2. 新华书店职工参加宁夏"诵读经典·书香塞上"群众诗文诵读会

1. 新华书店职工积极参与拓展训练
2. 业务知识大赛

1. 宁夏新华书店集团对入党积极分子、新党员进行党课教育
2. 图书花样造型，彰显企业文化

荣誉称号

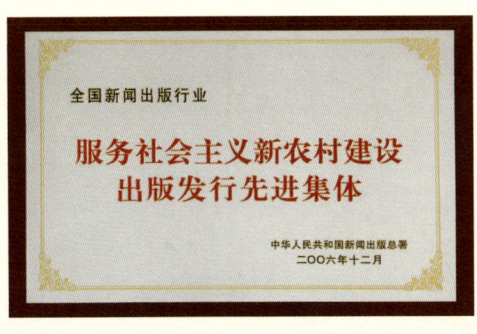

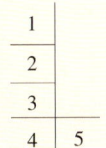

1. 2006年12月，宁夏回族自治区新华书店被新闻出版总署评为"全国新闻出版行业服务社会主义新农村建设出版发行先进集体"

2. 2007年4月，宁夏回族自治区新华书店在新华书店成立七十周年图书知识竞赛中获团体第一名

3. 2008年11月，宁夏回族自治区新华书店荣获"文轩杯"全国新闻出版系统学法用法知识大赛组织奖

4. 宁夏回族自治区新华书店被自治区精神文明建设指导委员会评为"2012—2015年度自治区文明单位"

5. 2012年4月，宁夏回族自治区新华书店获宁夏A级纳税信用单位

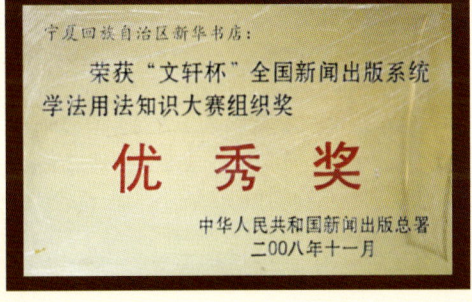

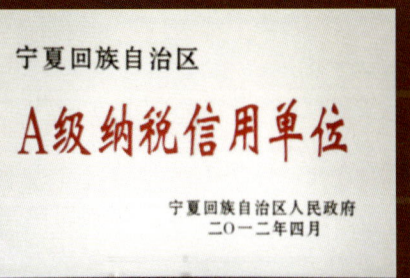

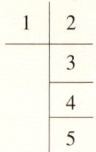

1. 2012年9月，宁夏回族自治区新华书店被新闻出版总署评为"2012年全国农家书屋工程建设突出贡献单位"

2. 2013年12月，宁夏回族自治区新华书店被评为"宁夏五星级统计诚信单位"

3. 宁夏新华书店集团被宁夏回族自治区精神文明建设指导委员会评为"2014—2017年度自治区文明单位"

4. 2015年12月，宁夏新华书店集团被中宣部、文化部、国家新闻出版广电总局评为"第六届全国服务农民、服务基层文化建设先进集体"

5. 2017年1月，宁夏新华书店集团被黄河出版传媒集团评为"2016年度先进集体"

中国新华书店发展大系

编纂委员会

主　　编　哈九如
执行副主编　汪耀华
副 主 编（排名不分先后）

茅院生	张雅山	吕晓清	郑　岩	杨禄森
陈剑峰	肖　陵	于慧丰	荆作栋	杨建军
曾昭群	曲柏龙	金国华	王忠义	曹　杰
吴志明	涂　华	刘文田	林疆燕	邱从军
黄楚芳	肖开林	何　洋	朱丹枫	阮　平
杨志强	禹鸿斌	王卫平	王锦慧	冀学博
谢向阳	益西坚村	蔡文贵	徐晓涛	尹昌龙

编　　委（排名不分先后）

蒋　敏	戴川平	戴　昕	李红林	王　峤
王延生	李茗茗	袁亚兵	沈育明	宋晓琳
拉巴次仁	许海雁	毛建新		

中国新华书店发展大系
—宁夏卷（1949—2017）—

编纂委员会

主　　编　蔡文贵
副 主 编　蔡新云　杨扈姓　张照飞　张智祥
编　　委　（按姓氏笔画排列）

马军贵　马建文　马梅玲　王　军　王　勇
王天科　邓永清　史振华　代　琛　西瀚华
朱艳红　许海雁　孙晨虎　李　欣　李　嫄
李东宁　李鹏飞　杨　岚　杨秀丽　杨明辉
杨建军　杨扈姓　张　锐　张继川　张智祥
张照飞　纳　永　袁　军　高继军　黄海涛
蒋海艳　韩志国　焦　伟　蔡文贵　蔡家龙
蔡新云

编 写 者　（按姓氏笔画排列）

马　鑫　朱晓梅　贾　羽

继承光荣传统　履行光荣使命

聂辰席

当前，全党全国各族人民正在以习近平同志为核心的党中央领导下，朝着全面建成小康社会、实现中华民族伟大复兴中国梦的目标阔步前进。

作为党创建和领导的出版发行机构，作为社会主义出版事业和文化事业建设的亲身经历者、积极参与者和忠实见证者，新华书店已经走过了80年的光辉历程。

1937年4月，新华书店在革命圣地延安诞生。从清凉山麓的一间窑洞出发，新华书店始终伴随着党和人民事业一路砥砺前行、不断发展壮大。在党中央的高度重视和亲切关怀下，新华书店始终坚持正确方向、坚定立场，坚持围绕中心、服务大局，坚持读者至上、服务群众，及时把党的路线方针政策传播到千家万户，把教材送到亿万学生手中，把科学文化知识提供给广大读者受众，为满足人民群众精神文化需求、提高全民族思想道德素质和科学文化素质作出了卓越贡献，为促进全民阅读、建设书香社会发挥了积极作用，为传承中华优秀传统文化、建设社会主义文化强国凝聚了强大力量。

进入新的历史时期，新华书店不断深化改革，完善体制机制，优化业务结构，创新发展业态，努力提升整体实力和服务水平，把发行网点开办到人民群众最需要的地方，开创了图书发行史上流动供应和上门售书的服务新举措，目前已形成遍布全国的1万余处发行网点，拥有13万名员工，成为以图书发行为主营业务、多业态发展的国有文化企业中坚力量。

80年来，无论是在战火硝烟的革命战争年代，在热火朝天的社会主义建设时期，在探索中前行的计划经济阶段，还是在改革开放的社会主义市场经济大潮中，新华书店始终坚守宣传真理、传播知识、传承文化的历史责任，筚路蓝缕、不畏牺牲、坚定不移、勇往直前，经受了血与火的考验，克服了难以想象的挫折与困难，走出了一条服务党和国家大局、服务人民群众的改革发展之路，创造了许多载入文化建设史册的突出业绩，留下了无数值得后人铭记的感人事迹。

80年来，新华书店涌现出一大批出版发行事业的中坚力量，他们中有在抗战时期反扫荡中宁死不屈、跳崖牺牲的女英雄黄君珏，有在为各敌后根据地运送图书时突破封锁线而倒下的发行员，有在抗美援朝战争中送书上阵地而壮烈牺牲的随军书店员工高照杰，有在为读者服务中苦练业务、精益求精、服务周全的普通营业员，有在平凡岗位上坚持读者第一、服务第一的劳动模范，还有身退心不退、愿把余生献给读者的新华老员工……他们是不同历史时期新华书店创业发展的脊梁，永远留在读者的记忆中，永远铭刻在新华书店发展前行的历史丰碑上。

在80年的奋斗发展历程中，新华书店留下了宝贵的精神财富，锻造了鲜明的新华精神，其核心要义就是：坚持正确政治方向，与时俱进、改革创新，全心全意为人民服务、为读者服务。这种坚守了80年的光荣传统已融进新华人的血液，贯穿于每个新华人的行动中。正是有了这种精神，新华书店才能改革创新、与时俱进、自强不息、永葆青春，才能在激烈的市场竞争中持续健康发展。

在纪念新华书店创立80周年之际，由中国新华书店协会组织编纂并呈现给新华人和社会读者的这套《中国新华书店发展大系》，系统收集整理了新华书店在革命战争时期、社会主义建设时期和改革开放时期的重要资料，记录了新华书店自创立以来的重大史实和事件，回顾了新中国出版发行事业的缘起与形成，展现了中国出版发行业特别是新中国图书发行业详尽的发展脉络，是新华书店建立以来史料最全、内容最广、时间跨度最长、记录最详实的珍贵资料，是新中国出版史的重要文献和新华书店员工必读的史料教材，具有"存史、资政、育人"的重要价值。一位出版界老前辈曾经说过：通过新华书店发展轨迹和辉煌历史，可以看到新华书店所具有的光荣的历史、自豪的品牌、高昂的士气和远大的前程。《中国新华书店发展大系》既是对新华书店光荣奋斗历史的详实记载，更蕴含着激励当代新华人不忘初心、继续前进的强大动力。

伟大的事业需要伟大的精神力量，对新华书店赋予了新的职责使命。广大新华人要牢固树立政治意识、大局意识、核心意识、看齐意识，深入学习贯彻习近平总书记系列重要讲话精神和治国理政新理念新思想新战略，进一步弘扬优良传统作风，进一步加大改革创新力度，努力繁荣发展社会主义先进文化，更好满足人民群众精神文化需求，让新华书店这一光荣品牌"苟日新、日日新、又日新"，让新华精神不断发扬光大，更加充满信心地迈向辉煌百年，为实现"两个一百年"奋斗目标、中华民族伟大复兴中国梦而不懈奋斗！

序

王杨宝

  盛世修志。在隆重庆祝中国新华书店创建80周年之际，《中国新华书店发展大系·宁夏卷（1949—2017）》即将出版。这是全区新华书店员工艰苦奋斗、敬岗乐业的一曲颂歌，也是向宁夏新华书店诞生68周年奉献的一份厚礼。

  新华书店八十年来的成长、发展过程一直受到党和政府的亲切关怀。以毛泽东同志为代表的历届中央领导集体都十分关心新华书店的工作，不仅为新华书店题名、题词，还以各种方式了解、关心、指导新华书店不同时期的工作。尤其是党的十八大以来，以习近平同志为核心的党中央在推进社会主义文化发展方面，构建了以"六个一"为主体内容的文化大思路。习近平同志指出："一个国家、一个民族的强盛，总是以文化兴盛为支撑的，中华民族伟大复兴需要以中华文化发展繁荣为条件。"这些都给了新华人巨大的鼓舞和前进的力量。

  宁夏新华书店作为新华书店伸向祖国西北的一支叶脉，自1949年10月18日建立以来，已度过了68个春秋。回顾过去，创业艰难；展望未来，任重道远。宁夏新华书店在和平建设时期，以巨大的热情投身于宁夏回族自治区社会主义建设之中，迅速建立了覆盖全区的发行门店，成为宁夏出版物发行行业的主渠道和全区社会主义文化建设的生力军。改革开放以来，宁夏新华书店不断进行体制和机制创新，深化改革，加快发展，成为合格的市场主体，坚持全心全意为党的中心工作服务、为社会各界读者服务，在宣传党的方针政策、传播科学文化知识、加强精神文明建设、发展文化产业等方面做出了新的贡献。

  大半个世纪以来，宁夏新华书店在自治区党委、政府的关怀和领导下，在全体员工的辛勤努力下，从无到有，从小到大，经过几十年曲折坎坷、风云变幻的磨炼与奋斗，得到了长足的发展。随着互联网的飞速发展，手机、iPad等阅读终端催生了电子书大举进军出版行业，传统书店也面临着前所未有的挑战，宁夏新华书店响应国家文化体制改革号召，在黄河出版传媒集团的统一部署与领导下，在新华书店全体干部职工的共同努力下，积极探索机制与体制改革，大力推进书店转型升级，努力扩增农村图书网点建设，通过"专、精、特、新"的内涵发展与发行"走出去"相结合，取得了阶段性成果。宁夏新华书店严格按照黄河出版传媒集团的任务书、时间表、路线图完成了各个环节的工作，成为黄河出版传媒集团文化体制改革重要且关键的组成部分，为实现文化体制改革的目标和加快宁夏文化发展集聚了正能量。

出版是基础，发行是关键。改革、创新、发展是宁夏新华书店永恒的主题。宁夏新华书店68年的历史积淀和文化传承，既是宁夏新华人一笔重要的精神财富，又是支撑未来改革发展的重要底蕴。新华书店长期以来形成的各种优势，为新华书店下一步改革提供了有利条件，奠定了良好基础。存在的各种问题，成为新华书店加快改革的内在诱因。宁夏新华书店作为宁夏现有最大的图书发行企业，也是宁夏回族自治区国有发行企业，在逐步建立适应社会主义市场经济体制、符合社会主义精神文明建设要求的过程中，图书发行体制改革既是一个重点，又是一个难点，宁夏新华书店需要按照社会主义市场经济的规律，在转换经营机制上多下功夫，努力适应市场，开拓市场，积极参与市场竞争，在图书市场中进一步发挥新华书店主渠道的主导作用，为出版事业的繁荣和健康发展，为广大读者提供更多、更好的精神食粮，做出更大的贡献。

《中国新华书店发展大系·宁夏卷（1949—2017）》总结了宁夏新华书店68年的历史，追溯了初创时期和改革开放年代宁夏新华书店发行事业的发展，梳理了宁夏新华书店体制改革探索、实践的经验，为我们深化图书发行体制改革，促进图书发行事业的健康发展，提供了许多弥足珍贵、可资借鉴的史料。希望宁夏新华书店管理者及全体员工通过了解宁夏新华书店的发展历史，激发使命感、责任感、自豪感，自觉立足岗位，奉献社会，抓住机遇，拼搏进取，努力把宁夏新华书店建设成全区一流的以图书发行为主体的多元、综合、大型文化企业，为宁夏文化强区战略添砖加瓦，为繁荣宁夏出版发行事业再创辉煌。

凡例

一、本系以马克思列宁主义、毛泽东思想、邓小平理论、"三个代表"重要思想、科学发展观和习近平总书记系列重要讲话精神为指导,坚持真实、客观、全面地记载中国新华书店的发展史实。

二、本系上限追溯自1937年4月24日中国新华书店诞生,下限断至2017年3月31日。

三、本系以编年体为主,适当结合纪事本末体,分年、月、日记述。

四、本系分卷编纂,以省、自治区、直辖市设卷,另设有总店卷和协会卷。各卷一般含序、概述、图片、大事记、附录、参考文献、后记。

五、本系采用规范语体文,行文力求朴实、简洁、通畅。

六、本系纪年一律采用公元纪年。

七、本系采用的简化字以国家语言文字工作委员会公布的《简化字总表》为准;标点符号以国家质量监督检验检疫总局、国家标准化管理委员会发布的《标点符号用法》为准;计量单位,新中国成立之前使用当时通用单位,新中国成立后使用国家法定计量单位。

八、本系资料主要选自各省级新华书店现存的文书档案和各类档案馆、图书馆所藏相关资料和出版物。

各卷卷目

总店卷	浙江卷	贵州卷
北京卷	安徽卷	云南卷
天津卷	福建卷	陕西卷
上海卷	江西卷	甘肃卷
重庆卷	山东卷	青海卷
河北卷	河南卷	内蒙古卷
山西卷	湖北卷	广西卷
辽宁卷	湖南卷	西藏卷
吉林卷	广东卷	宁夏卷
黑龙江卷	海南卷	新疆卷
江苏卷	四川卷	协会卷

目录

概述 …………… 1	1960 年 …………… 19	1972 年 …………… 31
1949 年 …………… 5	1961 年 …………… 20	1973 年 …………… 32
1950 年 …………… 6	1962 年 …………… 21	1974 年 …………… 33
1951 年 …………… 7	1963 年 …………… 22	1975 年 …………… 34
1952 年 …………… 8	1964 年 …………… 23	1976 年 …………… 35
1953 年 …………… 10	1965 年 …………… 24	1977 年 …………… 36
1954 年 …………… 12	1966 年 …………… 25	1978 年 …………… 37
1955 年 …………… 13	1967 年 …………… 26	1979 年 …………… 38
1956 年 …………… 14	1968 年 …………… 27	1980 年 …………… 39
1957 年 …………… 15	1969 年 …………… 28	1981 年 …………… 40
1958 年 …………… 16	1970 年 …………… 29	1982 年 …………… 41
1959 年 …………… 18	1971 年 …………… 30	1983 年 …………… 42

1984年 …………… 43	1997年 …………… 78	2010年 …………… 110
1985年 …………… 44	1998年 …………… 79	2011年 …………… 118
1986年 …………… 46	1999年 …………… 80	2012年 …………… 129
1987年 …………… 47	2000年 …………… 81	2013年 …………… 138
1988年 …………… 49	2001年 …………… 82	2014年 …………… 142
1989年 …………… 50	2002年 …………… 83	2015年 …………… 150
1990年 …………… 52	2003年 …………… 84	2016年 …………… 154
1991年 …………… 54	2004年 …………… 85	2017年 …………… 165
1992年 …………… 57	2005年 …………… 87	附录1 …………… 167
1993年 …………… 61	2006年 …………… 89	附录2 …………… 170
1994年 …………… 65	2007年 …………… 91	后记 …………… 173
1995年 …………… 69	2008年 …………… 98	
1996年 …………… 72	2009年 …………… 104	

概述

《中国新华书店发展大系·宁夏卷》在简短的叙述中展现宁夏新华书店的诞生、发展及健康成长的历史,展示宁夏新华书店奋发有为的风貌。它回顾了宁夏新华书店从小到大的发展历程,反映了一代一代宁夏新华人艰辛而又孜孜以求的创业过程。

在体例上,本书采用编年体,每个时间段各有侧重,全卷主要浓缩了68年宁夏新华书店系统的历史,虽然篇幅小,但我们还是从中感受到老一代新华人对宁夏图书发行事业孜孜追求的高尚情怀和艰辛的创业过程,这些美好的回忆将激励新一代新华人更加奋发向上、争先创优。

追溯历史,1937年4月24日,新华书店成立于延安清凉山。80年来,它在抗日的烽火、解放的硝烟里成长,在新中国成立后发展壮大。店招题字为毛泽东同志在1948年12月于河北省平山县西柏坡所题,沿用至今。1949年9月23日,宁夏解放。10月18日,宁夏回族自治区新华书店的前身宁夏新华书店在银川市成立,当时全称为西北新华书店宁夏总分店,至今已历经68年的创业和发展。12月23日成立宁夏省。

宁夏地处祖国西北边陲,新中国成立初期,由于宁夏没有出版力量,书源全靠外地供应,当时宁夏交通不便,门市书源常常枯竭,加之书店职工的半军事化的生活,可以说,1949—1950年是宁夏新华书店成立后的艰苦创业年代。

1950—1952年，宁夏新华书店由地方管理过渡到了行业管理，从而完成了宁夏新华书店纳入全国新华书店的统管体制。1953—1958年是宁夏新华书店发展壮大的五年。这一时期在文化建设的高潮中，宁夏各级新华书店的发行业务得到快速发展，职工队伍逐步壮大。1958—1964年期间，宁夏回族自治区成立，宁夏回族自治区新华书店随之正式成立，自此步入了民族地区图书发行的行列。1965—1976年是十年动乱时期，宁夏图书发行工作严重受挫，店规店章遭到严重破坏，大批业务骨干外流，图书发行业务陷入停滞状态。

1976年粉碎"四人帮"后，全区图书发行业出现了新的转机，通过扎扎实实的工作，宁夏新华书店各项工作得到恢复，许多老同志重返书店，全区书店的企业管理观念得到了加强，但浩劫遗留的"书荒"问题还没有根本改变。1978—1986年，宁夏新华书店迎来了发行工作的春天，这一时期党的十一届三中全会胜利召开，三中全会以来制定的一系列方针政策，推动和加速了出版工作的发展。而出版的繁荣，促进了发行的繁荣，宁夏图书发行工作发生了巨大变化，图书发行工作异常活跃，各类图书销售逐年增长，七年间平均增长率为12%；全区发行网点、营业设备条件大幅改善。这一时期正值"六五"计划的制订和执行时期，全区书店的销售、利润、网点建设都按照"六五"计划要求达到了指标，为"七五"计划的执行打下了良好的基础。

1987年是新华书店创建50周年纪念日。宁夏的纪念活动得到自治区党政领导的重视和支持。这次纪念活动在书店历史上规模是空前的，影响是深远的。1987—1997年是宁夏新华书店在改革中开拓奋进的十年。这一时期处在"七五"和"八五"期间，全区书店根据党的十三大精神和中央宣传部、新闻出版总署关于发行体制改革的要求，从治理整顿入手，继续深化改革，不断推动宁夏图书发行事业的健康发展。截至1995年底，与1980年相比，销售净增长909%，利润净增长354%，提前实现了翻两番的宏伟目标。

1998年至今，随着企业改革的不断深化，宁夏新华书店得到快速发展，经济效益稳步增长，资产质量明显提高。宁夏新华书店在发行工作中坚定不移地贯彻"为人民服务、为社会主义服务"的方针，牢牢把握社会效益第一、读者至上的行为准则，充分发挥宣传文化阵地和精神文明建设窗口的重要作用，全力以赴做好政治理论读物的发行，千方百计满足全区近100万中小学生教材供应，严格遵守国家有关出版发行法规和教材发行纪律，在确保"课前到书，人手一册"任务完成的同时，坚持不懈地抓好"农家书屋"和农村图书发行工作。2003年，在德胜工业园投资1300万元建设了占地2.6万平方米的图书音像批销中心，实行全程计算机管理，经销20余万种图书和万余种音像制品以及电子出版物；与此同时，充分发挥自身信誉好的优势，与全国300多家知名出版社和多家发行单位建立并保持了稳固、良好的业务关系，形成了强大的出版物营销、物流、结算和信息网络。2016年，宁夏新华书店仓储物流中心扩建工程完工并交付使用，为宁夏新华书店集团的现代仓储物流发展奠定了坚实的基础，并进一步推动了企业的健康发展。这一时期，宁夏新华书店向全区人民输送了大量优秀的精神食粮，卓有成效地服务于党的中心工作，充分展现了宁夏新华书店高度的政治敏锐度、服务大局意识及职业责任感，受到社会各界、广大读者的信赖和广泛好评。

近年来，随着我国社会主义市场经济体制的逐步完善和文化体制改革的深入推进，全国图书发行行业的市场竞争日趋激烈，新华书店的经营环境和形势正在发生着前所未有的变化。宁夏新华书店制定并实施了一系列改革举措，并获得了众多可喜的改革成果。截至2016年底，企业在职职工470余人（不含银川市新华书店），现辖5个市、18个县以上新华书店，48个发行网点，总资产达到3.5亿元，发行能力辐射宁夏全境乃至周边内蒙古、陕西等省区，基础设施建设成就显著，职工生活水平有了较大提高，多次获得中宣部、中组部、国家新闻出版广电总局颁发的"全国服务基层先进单位"荣誉称号。

书籍是人类进步的阶梯。不管现代化传播手段如何发展，图书便于携带、传之久远的特有功能是不可替代的。因此，我们有理由坚信宁夏新华书店任重道远，前程似锦。值此庆祝新华书店创建80周年之际，宁夏图书发行工作者将振奋精神，继往开来，用自己的辛勤劳动和无私奉献，继续谱写宁夏新华人昂扬向上的华美乐章。

1949 年

10 月 18 日 西北新华书店宁夏总分店在银川成立。经理李和春（兼）、副经理崔生祥，职工 8 名。

11 月 中共宁夏省委宣传部为了尽快扩大图书发行阵地，壮大图书发行力量，召集各市、县负责同志进行布置，决定在有条件的市县建立书店，无条件的市县建立代销处，或由文化馆代销。

同月 西北新华书店宁夏总分店门市部开业不久，实行开架售书。

同月 宁夏总分店总经理李和春从西安押运图书返回途中，在同心县马家河湾处遭遇土匪，经奋力拼搏，负伤脱险，并把图书安全运回银川。

12 月 为缓解图书供不应求的矛盾，经省委宣传部批准，书店翻印了《中国革命与中国共产党》《新民主主义论》《论人民民主专政》《论共产党员的修养》《社会发展史》等 5 种图书 1.4 万册，并印刷 3 种年画 900 余张。

同月 在宁夏北部地区黄渠桥建立了第一处县级新华书店。

是年 宁夏地区的私营图书发行业在各地经营，分布在银川、吴忠、中宁、中卫、平罗、阿拉善旗。私营发行业主经营图书大多以盈利为目的，有利则干，无利则歇，时断时续。因此，团结、利用、限制、改造私营图书发行业，成为新华书店的一项重要任务。

1950年

2月23日 新华书店吴忠支店成立。

3月19日 在固原县军管会的关怀支持下,组建了新华书店固原县支店,归属新华书店西北总分店甘肃分店,店址与县文化馆毗邻,是政府拨给的一幢土木结构二层楼。甘肃省新华书店实行垂直领导,人、财、物统一管理。当时,甘肃省新华书店委派平凉新华书店干部党效礼筹建新华书店固原支店,并担任第一任经理。

3月25日 根据中央人民政府出版总署发布《关于统一全国新华书店的决定》,规定全国设总店,各大行政区设总分店,省设分店,县设支店。宁夏新华书店因系地方党委筹建,领导关系在地方。根据这一决定,原西北新华书店宁夏总分店改称新华书店宁夏分店,改属新华书店西北总分店领导。

6月 新华书店西北总分店委派王维藩任宁夏分店经理。

7月 毛泽东著作《中国革命与中国共产党》一书再次在宁夏印发3000册。

8月 新华书店中卫支店成立。

12月 截至1950年底,宁夏已建立永宁、望远、定远营、中宁四个图书代销处。

是年 宁夏分店尚无科室建制,工作人员发展到13人。分店既是全省图书发行的管理单位,又是销售单位。1950年底,共销售各类图书23万册,销售额3万元。

1951年

4月 宁夏分店在银川召开第一次支店经理会议。参加会议的有吴忠、平罗（黄渠桥支店迁至平罗）、中卫三个支店，会议明确了分支店关系及业务、财务管理办法，从而完成了宁夏新华书店纳入全国新华书店的统管体制。

5月 全省新华书店职工积极响应"新华书店总店关于'向志愿军捐献新华书店职工号'战斗机的倡议"，捐款190元，超额完成了西北总分店分配的捐献任务。

10月 经省委宣传部同意，宁夏分店在平罗、惠农两县试办发行委员会，主任由县委书记、县长兼任，各区设发行站，站长由区委干部兼任。

11月11日 宁夏分店在银川举行《毛泽东选集》第一卷的发行仪式。各界读者敲锣打鼓，扭着秧歌，踊跃购买。当天仅一个半小时就发行了83册，登订预约的300多个读者因售完而未买到。《宁夏日报》以《这是宁夏人民的福音，〈毛泽东选集〉到了银川》为题做了报道。

12月 截至1951年底，全省共有图书发行网点13处，除新华书店系统外，还有宁朔、贺兰、盐池、定远营、同心、磴口、中宁、平罗、永宁等9处代销处。宁夏分店还与邮局订立了互销合同。

是年 宁夏分店扩展业务较快，发行各类图书57万册，12万元，分别相当于1950年的2.5倍和3.8倍。

1952年

4月10日 《毛泽东选集》第二卷在银川隆重发行。

6月1日 新华书店黄渠桥支店更名为平罗支店。

7月1日 宁夏分店发出《关于开展爱国主义增产竞赛运动的通知》,对增强全店职工的爱国热情、改进企业管理等方面发挥了积极作用。

8月24日 宁夏分店派出工作组,参加省政府组织的联合宣传队,到阿拉善旗那达慕大会上首次为边疆少数民族供应蒙汉文书刊和毛主席像,深受各族人民群众的欢迎。

10月8—11日 宁夏分店在银川召开第二次支店经理会议,研究部署在全省开展书刊推销运动。省委宣传部部长梁大钧、省教育厅厅长徐宗儒莅会指导。

12月31日 宁夏分店工会正式成立。

是年 先后建立了中宁、灵武、磴口三个分销处。相当于后来的地区门市部。

是年 新华书店组织大发展的一年。全省新华书店由年初的20人发展到57人。书店干部来源:一是西北总分店分配的,二是宁夏省委组织部从省干校毕业生中分配的,三是当地吸收和调配的。在此基础上,宁夏分店设立了秘书科、业务科、财务科、人事科、服务科,加强了对全省图书发行工作的领导。

是年 西北总分店统管以后,宁夏分店企业财务管理趋于正规。实行统收统支,货源统一调拨,书款定期解交,费用按预算核销,盈亏在西北区内统一核算,财务向企业化管理转变。职工工资待遇由供给制、包干制,过渡到薪金制,职工的收入平均提高5倍。

是年 发行各类图书114万册,23万元,分别相当于1950年的4.9倍和7.6倍。

是年 新华书店固原支店即组建驻海原课本发行小组,固原县农协会指定任集寿同志发行两季课本,业务归新华书店固原支店管,人事由县委管。发行小组临时地址设在县招待所对门,有门市、仓库、宿舍共40平方米。

1953 年

1月1日 根据邮电部邮政总局、新华书店总店、中国图书发行公司总管理处1952年11月28日联合通知的规定,期刊发行工作正式移交宁夏邮电管理局。

1月22—30日 西北总分店在西安召开第三届分、支店经理会议。宁夏吴忠支店被评为模范单位,王富安、石启荣同志分别被评为模范工作者和积极工作者,并受到奖励。

2月21日 为贯彻中央人民政府出版总署《关于纠正书刊发行工作中强迫摊派错误的指示》精神,宁夏分店结合本省实际情况,做出了《关于检查纠正强迫摊派错误的规定》。

4月22日 《毛泽东选集》第三卷开始在银川、吴忠、中卫、中宁等地新华书店发行。

5月 《资本论》第一卷在宁夏发行。

10月1日 新华书店阿拉善旗支店和中宁支店成立。

10月6—12日 宁夏分店召开第三次支店经理会议。会议的中心议题是加强调查研究,纠正发行工作中的强迫摊派错误,实行计划发行。

11月7日 银川、吴忠、平罗、中卫、中宁、阿拉善旗等地新华书店发行《斯大林全集》第一卷。

12月15日 宁夏分店组建流动服务队,编制4人,配备自行车1辆,胶轮大车1辆,骡子2匹。

12月16日 宁夏分店向全省各县、旗支店发出通知,要求做好过渡时期总路线学习文件的发行工作。

同月 宁夏分店新址建成,地址在中山公园东侧,投资4.95万元,600平方米。省店迁入新址后,原址交省店服务科。

是年 西海固回族自治区人民政府成立,固原支店接受甘肃分店、固原地委宣传部、固原政府文教处共同领导。

是年 宁夏分店职工达到66人,其中省店43人,支店23人。

是年 全省图书销售达到95.4万册,24.9万元,分别相当于1952年的83.7%和108.7%。

1954 年

5月15—26日 宁夏分店召开第四次支店经理会议。会议传达了西北总分店第二次分店经理会议精神，讨论了1954年的方针任务和对私营发行业的社会主义改造等问题。

6月10日 宁夏分店向西北总分店报送《关于对私营图书发行业社会主义改造问题的初步意见》。全省私营图书发行业共65家，其中银川18家，吴忠19家，中卫10家，平罗6家，阿拉善旗8家，中宁4家。

8月8日 根据中央关于撤销宁夏省建制的决定，甘肃省店派廖有仁来宁夏办理交接事宜。宁夏分店成立了以崔生祥为组长的移交小组。

8月18—20日 宁夏分店召开第五次支店经理会议，传达贯彻西北总分店召开的工矿区图书发行，年画发行及甘、宁分店合并等会议的精神。

8月20日 举行交接仪式，宣布宁夏分店撤销，并入甘肃省分店。同时，在原宁夏分店服务科的基础上，成立银川支店。

8月21日 在西吉县委、政府和甘肃省新华书店的关怀下，适应当时的经济和文化建设的需要，新华书店固原支店派石万寿同志到西吉县组建了图书销售门市部，正式营业。固原支店定期到西吉流动供应图书的业务即告结束。新组建的西吉县图书销售门市部的人事、业务属于固原支店管辖，但可以直接向新华书店西北总分店、平凉专署支店、固原支店进货。

10月1日 阿拉善旗支店基建竣工，迁入新址营业。这是宁夏第一个自行建房的书店。

1955 年

是年 固原支店搬迁至县城比较繁华的南街口（原二道城门内侧）。门市部3间，坐东向西，土红色油漆门窗，经营面积约100平方米，院内原有房屋5间约75平方米，改造为库房。新建北库房5间约60平方米。

是年 成立宁朔县（今青铜峡市）新华书店，在小坝建土木结构房屋9间，有职工4人，主要经销国家公开发行的各类出版物、学生课本及其他文艺小说类书籍，当年营业额为2.8万元。

是年 各店开展了声势浩大的"农村图书发行月"。

1956 年

4月20日 贺兰县新华书店成立，时隶属甘肃省银川分店。

6月1日 隆德县新华书店成立。配备工作人员4名，当时借用了县工商联10间房子，其中3间为门市部。由于门市面积窄小简陋，除课本发行外，一般图书以基层供销社、分销店代销为主。

同日 正式成立新华书店同心县支店。支店为科级事业单位，属甘肃省新华书店管理，编制5人，王思敬任副经理。当时租用民房9间，做门市部、库房、宿舍用。

6月26日 固原支店西吉门市部改建为西吉县支店。

10月1日 新华书店海原支店正式成立，县委组织部任命任集寿为副经理。新华书店海原支店业务由甘肃省新华书店主管，人事由县委宣传部主管，实行条块双重领导。

是年 海原县调进赵子兴为营业员，任集寿任组长。地址搬迁至县政府对门，营业室扩大至40平方米，仓库宿舍约20平方米。

是年 调甘肃张家川人马鸿章（回族）任固原支店经理，马维骏任副经理。为加强农村图书发行工作，县支店与10个基层供销社建立了图书经销关系，发行网点发展到区、乡一级，覆盖全县广大农村的图书发行网基本形成。

1957 年

是年 海原支店再次搬迁到县供销社对门营业。同时，对课本发行工作进行了改革，设立了10个学区发行站，并实行现款取书，加快了书店的资金流转。

是年 在1957年"肃反"运动中，固原支店经理马鸿章因历史问题被撤职，任命马维骏为经理，同时管理体制有所改变，实行条块双重领导，由固原县委宣传部主管人事，甘肃省店主管业务，加强了地方党政对书店的管理和监督。

是年 对学生课本发行工作实行了改革，固原支店在王洼、彭阳两地设立了教材发行站。

1958年

3月 根据中央关于成立宁夏回族自治区的决定，甘肃省店委派崔生祥、李得庆筹建宁夏回族自治区新华书店。

4月20日 全区各市、县新华书店经理会议在银川召开。会议成立了宁夏回族自治区新华书店筹备处，开始了业务领导工作的过渡。

4月20—25日 中共宁夏工委宣传部在银川召开全区各市县新华书店经理会议，传达新华书店总店第四次分店经理会议精神，进一步贯彻图书发行工作为政治服务、为生产服务、为工农兵服务的方针，并成立宁夏回族自治区新华书店筹备处。

7月31日 宁夏回族自治区筹委会商业处和文教处发出《关于进一步加强农村图书发行工作的联合通知》，《通知》要求全区基层供销社和新华书店，进一步加强农村、厂矿的图书发行工作，更好地满足广大工人、农民对图书的需要。

9月1日 宁夏回族自治区新华书店成立。经理崔生祥，副经理李得庆。下辖银川、石嘴山2个市店及16个县店。全区书店职工122人。

10月25日 宁夏回族自治区新华书店成立后，根据中央宁夏工委的批示，组织全区新华书店投入宣传宁夏回族自治区成立的活动，重点发行了《宁夏画册》《新中国的回回民族》《回回民族的历史和现状》《民族团结》以及宣传介绍宁夏的图片资料，产生了较好的宣传效果，受到上级领导机关的好评。

12月30日 宁夏回族自治区新华书店向自治区文教厅书面汇报了文化部召开的进发货工作会议精神，并提出了全区贯彻《图书进发货试行章程》的措施和步骤。

是年 宁夏回族自治区文教厅转发了《关于开展以共产主义思想教育运动

为中心的图书发行运动的计划》。由于该计划不适当的要求各地书店在 5 个月内完成 300 万册图书发行任务，导致发行工作中盲目追求数量的倾向。

是年 随着人民公社的建立，在各地新华书店的帮助下，全区开办了人民公社书店 72 处。

是年 贺兰县新华书店划归自治区新华书店管辖。

是年 隆德县划归宁夏回族自治区，隶属固原地区，隆德县店也由自治区新华书店统一管理。成立初期，由于职工不多，党团员少，书店没有成立党组织，一直在县委和文化系统党支部过组织生活。后来，随着县店发行业务的逐年扩展，职工逐渐增多，党员人数也有所增加，经报请隆德县委批准，于 1972 年 8 月成立隆德县新华书店党支部，仇卓章同志担任支部书记。

是年 新华书店同心县支店划归自治区新华书店管辖。翌年，改为同心县新华书店。同心县是具有光荣革命传统的老区，广大回汉群众一贯对党、对毛主席怀着极其深厚的感情。面对这一县情，同心县新华书店十分重视政治理论读物的发行工作。在 20 世纪 60 年代全民学习毛主席著作热潮中，书店及时将《毛泽东选集》送往山村农家，使全县城乡达到每户一套。

是年 新华书店海原支店划归自治区新华书店管理。随后，根据文化部通知，市、县支店的人事、业务、财务全部划归地方行政部门管理，海原支店亦改名为海原县新华书店。同年，全县大办公社书店，先后建立兴仁、西安、关桥、高崖、蒿川、红羊、李俊七处书店，1962 年全部撤销。

是年 固原书店划归自治区新华书店管辖，人事、业务、财务全部移交地方管理。固原书店更名为固原县新华书店。

1959年

1月22日 宁夏回族自治区新华书店按照文化部制定的《图书进发货试行章程（初稿）》，结合本区实际情况，拟定了《宁夏回族自治区新华书店图书进发货补充办法（初稿）》。

2月12日 根据文化部《关于改变新华书店管理体制的通知》，宁夏回族自治区文教厅决定将各县（市）新华书店人事、财务管理权下放到各县（市），并更名为：××县（市）新华书店。自治区新华书店仍由自治区文教厅领导。

3月10—13日 宁夏回族自治区文教厅在中宁县召开图书发行工作现场会议。会议不适当地提倡高指标，放"卫星"，导致发行工作中浮夸风盛行。

8月 宁夏回族自治区新华书店发文贯彻文化部《为迎接新中国成立十周年加强书籍宣传和书籍陈列工作的通知》。

11月17日 宁夏回族自治区文教厅决定，各县（市）新华书店财务工作仍由自治区新华书店负责，统一核算盈亏；各县（市）新华书店由当地县（市）文教部门和自治区新华书店双重领导。

12月27日 全区新华书店采取积极措施，紧密配合扫盲运动，全年供应扫盲教材和注音读物40万册。

是年 宁夏回族自治区新华书店年发行量达到604万册，实现销售收入141万元。市县新华书店售书点45处，供销社售书点224处，书店职工人数172人。

1960年

4月5—12日 全区图书发行工作会议在银川召开。会议制定了《进一步提高进货工作的意见》和《进一步改进商品管理的意见》。

5月 宁夏教育、文化、卫生、体育、新闻战线社会主义建设先进单位和先进工作者代表大会在银川召开，银川、海原、永宁、平罗、贺兰等五个县（市）新华书店和西吉县新营公社新华书店出席会议。

6月1—11日 海原县新华书店农村发行员赵子兴同志出席了在北京召开的全国教育和文化、卫生、体育、新闻方面社会主义建设先进单位和先进工作者代表大会。

9月1日 随着行政区划的调整和县名的变更，金积县新华书店并入吴忠新华书店，金积堡门市部归吴忠新华书店领导，宁朔新华书店更名为青铜峡新华书店。

10月1日 《毛泽东选集》第四卷在全区发行，银川市新华书店举行隆重的发行仪式，中共宁夏回族自治区委员会书记处书记甘春雷等领导同志参加售书活动。

10—12月 由于国民经济出现暂时困难，图书出版品种减少，新书极缺。为了缓和供需矛盾，全区各县（市）新华书店普遍开展了旧书收售和租书业务。

是年 惠农县的行政区划变动，图书发行工作交由石嘴山市支店负责，同时撤销惠农县店。

1961年

4月28日 宁夏回族自治区新华书店在银川召开银川、吴忠、石嘴山、青铜峡、固原、贺兰六市县书店负责人座谈会，学习、讨论文化部《关于加强计划发行缓和图书紧张状况的通知》，并根据《通知》精神，制定了贯彻措施。

6月 宁夏回族自治区新华书店为了适应自治区各院校和厂矿企业对教学仪器、唱片、图书的需要，根据自治区文教厅决定，接管了仪器供应社，并成立了图书馆供应部。

9月26日 宁夏回族自治区新华书店统一制定了全区书店系统差旅费报销办法、企业奖励金使用办法、劳保福利制度、业务管理制度及停售报废图书处理办法。

10月12日 宁夏回族自治区新华书店根据商业部、文化部《关于加强旧书回收工作的联合通知》，组织各店积极开展该项业务，全年回收旧书62800余册。

1962 年

3月20—27日　宁夏回族自治区文教厅文化局在银川市召开第三次全区图书发行工作会议,会议主要总结1961年全区图书发行工作,研究与安排1962年图书发行任务。

5月7日　根据全国图书发行工作会议精神,确定全区清仓调剂工作由宁夏回族自治区新华书店统一领导,分固原、吴忠、银川三个片区进行,结合清产核资,彻底清理库存。

9月7日　根据国务院批转文化部《关于调整和充实新华书店业务骨干问题的请示报告》,宁夏回族自治区新华书店研究确定了全区书店人员调整方案。

1963 年

1月22日 贯彻"调整、巩固、充实、提高"方针，宁夏回族自治区人委下达了《关于调整区内各级新华书店管理体制》的文件，规定全区各级书店为自治区属文化企业，人事、业务、财务均由自治区新华书店统一管理。

3月 宁夏回族自治区新华书店在银川召开全区图书发行工作会议。会议研究了整顿基层书店、恢复业务秩序问题，讨论了《关于加强进货工作的意见》《关于商品管理的规定》《关于加强企业经营管理的意见》《企业奖励试行办法》。

6月 宁夏回族自治区新华书店在银川召开全区新华书店经理座谈会。会议传达了全国科技书出版会议精神，座谈了农村图书发行工作，研讨了内部发行图书和停售、报废书的管理办法。各市、县新华书店人、财、物的交接工作，除个别问题外，已基本完成。

8月17—22日 固原地区召开第一次县店经理座谈会。会议传达了全国科技书出版会议和西北五省区图书调剂会议精神，研究了地区支店机构、任务和人员编制，讨论了农村图书发行工作。

1964 年

1月　宁夏回族自治区新华书店根据中宣部批转文化部党组《关于整顿新华书店基层单位的报告》，派出工作组在吴忠新华书店进行整顿试点。

3月11—25日　宁夏回族自治区新华书店召开全区图书发行工作会议，学习讨论文化部关于整顿新华书店基层单位的文件，介绍吴忠新华书店整顿试点情况，各店汇报开展农村图书发行情况。

4月7日　宁夏回族自治区文教厅将自治区新华书店《关于整顿区内基层书店的计划》批转各市、县文教主管部门。

4月15日　宁夏基层书店整顿工作全面展开。

5月20日—6月8日　宁夏回族自治区新华书店副经理李得庆和海原县店农村发行员赵子兴，参加了文化部在北京召开的全国农村发行工作会议。

9月11—21日　宁夏回族自治区新华书店召开全区农村图书发行工作会议。会议传达了全国农村发行工作会议精神，要求各级新华书店树立面向农村、为农业服务的思想，坚决把工作重点放到农村。

1965 年

3月12日 宁夏回族自治区新华书店研究决定，基层新华书店的整顿工作主要解决坚持方向、端正服务思想和清查商品及财务账目问题。

5月 宁夏回族自治区新华书店根据文化部关于《毛泽东著作选读》出版、发行的通知精神和新华书店总店关于《农村图书发行工作意见》，派出三个工作组分赴银北、银南、固原地区，抓点跑面，狠抓《毛泽东著作选读》和农村图书的发行工作。

9月 为贯彻全国农村图书发行会议精神，加强农村图书发行工作，参照湖南的经验，报经宁夏回族自治区文教厅同意，自治区新华书店在银川、平罗、中卫进行发展农村图书宣传员的试点。

10月 宁夏回族自治区新华书店根据各地开展社教运动情况，决定组建图书服务队，分赴青铜峡、平罗、固原等县配合社教供应图书。

12月 宁夏回族自治区新华书店全年超额完成企业计划，扭亏为盈，改变了历来需要国家补贴的状况。

1966 年

3 月 新华书店总店在北京召开全国新华书店经理会议,讨论加强农村图书发行等问题。全区开展农村图书发行工作较好的固原县店、灵武县店和在农村流动供应工作中做出显著成绩的赵子兴参加了会议。

4 月 石炭井区店更名为大武口镇支店,店址及隶属关系不变。

5 月 "文化大革命"全面展开,一大批有价值的著作被扣上封资修帽子封存或销毁,造成前所未有的书荒。各地书店纷纷并入宣传站,大批多年从事图书发行工作的业务骨干外流,多年行之有效的店规店章被破坏,企业经营活动受到严重干扰。

是年 是永宁县新华书店过去 11 年中销售情况最好的一年,销售额为 5.18 万元,利润 0.29 万元。

1967 年

是年 各地书店全年的主要工作是发行毛主席著作及其辅导读物。

是年 按照新华书店总店、中华全国供销合作总社《关于进一步深入农村做好毛主席著作发行工作的通知》要求,宁夏各市、县新华书店面向全区积极组织货源发行毛主席著作。

是年 宁夏回族自治区新华书店机构撤销,各市、县新华书店移交地方。受"文化大革命"影响,各书店基本处于经营亏损状态,靠财政补贴过日子。

1968 年

是年 宁夏回族自治区革命委员会转发了自治区新华书店《关于各市、县新华书店管理权下放问题的请示报告》，同意将各地书店的人、财、物移交各市、县管理。

是年 根据宁夏回族自治区革委会文件关于向贫下中农、农村基层干部及军烈属赠送毛主席著作的指示，各地新华书店积极响应。

1969年

1月1日 宁夏各市、县新华书店交市、县革委会领导,自治区新华书店在业务上对市、县新华书店进行指导。

9月28日 宁夏回族自治区新华书店并入毛主席著作出版办公室,多数职工外调。

同月 内蒙古所辖阿拉善左旗划归宁夏回族自治区,阿拉善左旗新华书店同时接受宁夏回族自治区新华书店指导。

是年 银川市新华书店交银川市革命委员会领导。

是年 宁夏回族自治区新华书店机构撤销,县新华书店移交地方行政,永宁县店属宣传部管辖。

1970年

2月 宁夏回族自治区革委会决定,成立出版发行合一的宁夏新华书店革命委员会,内设出版组、发行组、后勤组,隶属自治区革委会毛主席著作出版办公室。

是年 全区多个市、县新华书店的人、财、物交由地方政府管理,新华书店并入当地宣传队、工宣队、军宣队、毛泽东思想宣传队或联合组成的文化站管理,新华书店负责人、会计、一般职工调动频繁,致使新华书店难以正常运转,图书销量极为有限,造成了图书大量积压和报废。

1971年

10月30日—11月16日 宁夏回族自治区毛主席著作出版办公室在银川召开全区出版发行工作座谈会，传达中共中央43号、54号、68号文件，汇报全国出版工作座谈会情况，讨论和学习周总理在全国出版会议上的两次讲话，研究如何改进和加强全区出版、发行工作。

是年 大武口门市部独立。石炭井新华书店恢复原名，归石炭井区委宣传部领导，区政府增派聂忠义任新华书店党支部书记。当年，销售图书码洋7万元。

1972 年

是年 宁夏回族自治区新华书店贯彻全区出版发行工作座谈会精神，部署和落实全年全区出版、发行工作的各项措施。

是年 各市、县新华书店大部分同志坚守工作岗位，尽职尽责，坚持开门营业，送书下乡，千方百计排除各种干扰，使发行工作得以维持运转。

1973 年

3月9—18日 宁夏回族自治区毛主席著作出版办公室在银川召开全区图书发行工作会议。会议总结了1972年图书发行工作，安排了1973年图书发行任务，制定了《新华书店图书进销工作试行办法》和《图书分配比例的意见》。

1974年

11月13日 根据宁夏回族自治区革委会决定，撤销自治区毛主席著作出版办公室和出版发行合一的宁夏新华书店革命委员会，分别成立自治区新华书店与宁夏人民出版社。出版社代行出版管理职责，自治区新华书店负责人李得庆。

1975 年

10月20—26日 宁夏人民出版社与自治区商业局在银川联合召开全区图书发行工作会议。会议主要解决图书发行的方向问题，具体研究了加强农村图书发行，开展租书业务，建立农村发行网、农村图书室等工作。

11月3日 宁夏回族自治区党委批准成立自治区新华书店革委会，由李得庆、姚鸿儒、马奎等五人组成。

12月1日 宁夏回族自治区新华书店李得庆同志参加在内蒙古呼和浩特市召开的八省（区）蒙文书出版会议。

12月15日 宁夏回族自治区新华书店下发《关于加强农村图书发行试行办法》和《开展租书活动试行办法》。

12月18日 宁夏回族自治区党委批准成立自治区新华书店党支部。支部书记李得庆，委员姚鸿儒、马奎。

是年 宁夏人民出版社恢复建制，自治区新华书店也恢复了原貌，即专司图书发行业务。随之，宁夏各地新华书店相继恢复，自治区新华书店也逐步恢复对市、县书店的业务领导关系。

1976 年

10 月 粉碎"四人帮"后,宁夏回族自治区新华书店的各项工作也出现了转机。宁夏各地新华书店员工积极投入揭批"四人帮"的斗争中,清理有关图书 323 万册,共计码洋 42.3 万元。

10 月 28 日—12 月 31 日 宁夏回族自治区新华书店为加强农村图书发行工作,促进"三网"(发行网、租书网、理论学习辅导网)的建立,派姚鸿儒等三人到固原县大湾公社蹲点,在 13 个大队 68 个小队建立了"三网一室",自治区新华书店还捐赠了部分图书。

1977 年

2月　宁夏回族自治区新华书店为推动全区图书发行工作，报导各店动态，交流经验，沟通情况，决定定期编印《宁夏发行简报》，从1978年第六期起改名为《宁夏图书发行》。

4月15日　《毛泽东选集》第五卷在宁夏发行，全区新华书店隆重举行了发行仪式。全区租型印制普及本60万册，北京印供普及本20万册。

1978 年

6月15—21日 全区出版发行工作会议在银川召开，传达贯彻全国出版工作会议、全国发行工作会议、全国教材工作会议的精神。会议针对"十年浩劫"给全区书店造成思想上、业务上的混乱状态，部署了整顿工作；讨论通过了宁夏1978—1985年出版发行事业规划；施行总店制定的《县店工作条例》《处理滞销书的规定》《图书进发货制度》。

10月5日 宁夏回族自治区新华书店在吴忠召开全区图书发行工作会议，传达全国科技图书发行工作会议精神，研究加强科技图书发行工作。

12月4日 启用"宁夏回族自治区新华书店"印章，原"宁夏回族自治区新华书店革命委员会"印章停止使用。

是年 全区新华书店职工经过十年动乱的折腾，思治心切，因而整顿工作进展较快。至年底，各基层新华书店基本健全了领导班子，一些老同志重新返回新华书店。恢复和制定了一些规章制度，全区各地新华书店的企业管理观念加强，指标考核全面恢复，提高了用经济手段管理企业的认识。

是年 全区新华书店销售图书1514万册，销售收入444万元，实现利润23万元，创历史最好水平。

1979 年

7月17—24日 全区图书发行工作会议在银川召开。会议传达全国图书发行工作会议精神，贯彻"调整、改革、整顿、提高"方针，部署市、县新华书店财务归自治区新华书店统一管理事宜。会议评选出先进单位3个，先进集体1个，先进个人20名，受表扬的个人10名。固原县新华书店被评为出席全国新华书店表彰会的先进单位，隆德县新华书店农村发行员李海玉被评为出席全国新华书店表彰会的先进工作者。9月，阿拉善左旗划归内蒙古自治区，阿左旗新华书店同时归属内蒙古自治区新华书店管理。

12月15日 宁夏回族自治区新华书店在银川召开全区新华书店财务会议，具体研究各市、县新华书店财务上收的交接办法。

是年 宁夏外文书店在银川成立，这是宁夏唯一授权经营国外书报刊的国营发行企业。

1980 年

1 月　全区新华书店财务上收，统归自治区新华书店管理。

5 月 4—9 日　宁夏回族自治区新华书店召开全区新华书店清产核资会议。会议介绍了石嘴山二区新华书店的试点经验，讨论了自治区新华书店拟定的《关于图书清理办法》和《加强农村图书发行工作的意见》，布置了清产核资工作。

6 月 12 日　宁夏回族自治区新华书店根据自治区规划会议精神和宁夏出版事业管理局的安排，分别提出了 1980—1985 年逐年发展规划、1986—1990 年总体规划和 2000 年发展设想。

10 月 11 日　宁夏回族自治区新华书店首次举办业务轮训班，培训了部分新华书店的经理、副经理。

1981 年

2月20日 宁夏回族自治区新华书店为了贯彻全国图书发行工作会议精神，提高发行队伍的素质，印发了《关于开展群众性岗位练兵、业务技术表演的通知》。

4月 宁夏回族自治区新华书店为了加强调研工作，经宁夏出版事业管理局批准，自治区新华书店成立调研科。

5—6月 宁夏回族自治区新华书店分别在银川、吴忠、石嘴山、固原等地分片举办业务练兵表演赛。

7月 《中国共产党中央委员会关于建国以来若干历史问题的决议》出版，宁夏共发行16.3万册。

8月8—13日 为了贯彻全国农村读物出版发行工作会议精神，宁夏出版事业管理局在银川召开全区农村图书发行工作会议。自治区新华书店印发了《会议纪要》。

是年 宁夏外文书店大楼在银川市解放西街落成，共4层1000平方米。这成为当时银川的文化地标。中国图书进出口总公司和自治区科学技术协会高度关注宁夏外文书店，从规划、资金、业务流程、税费优惠等方面给予全方位的指导、协调、支持。中国图书进出口总公司先后在北京、上海举办培训班，宁夏外文书店多人参加学习。宁夏外文书店通过国外版书刊、港台版书刊、影印版图书、音像制品的经营，在全区形成广泛影响，取得了社会效益、经济效益的双丰收。

1982年

6月12—18日 全区图书发行工作座谈会在银川召开。会议传达贯彻全国城市图书发行工作会议精神，研究部署了推行开架售书、丰富图书品种、改善服务态度、扩大服务项目、增加发行网点和加强职工培训等工作。

7月12—19日 宁夏回族自治区新华书店根据新华书店总店在北京召开的全国新华书店培训工作会议要求，制订了培训规划，积极开展职工轮训工作。

是年 宁夏回族自治区新华书店为配合中卫城镇建设规划，拨款20万元兴建中卫新华书店营业大楼，面积966平方米。

1983 年

1月17—24日 全区新华书店系统第二次表彰先进大会在银川召开。石嘴山市新华书店、中宁县新华书店被评为出席全国新华书店系统表彰会的先进单位，固原县新华书店李德荣同志被评为出席全国新华书店系统表彰会的先进工作者。自治区党委副书记黑伯理、自治区党委宣传部副部长熊烈到会并讲话，自治区副主席李庶民、自治区文办副主任杨锡林参加会议。

7月28日 宁夏回族自治区新华书店根据党的十二大精神，制订了《1981—1990年图书发行事业发展规划》。

同月 《邓小平文选》出版，宁夏共发行18万册。

11月 全国图书发行体制改革经验交流会议在成都召开，宁夏回族自治区新华书店万超、李得庆、李曼如出席会议。

12月 中卫新华书店营业大楼竣工，建筑面积966平方米。

是年 宁夏回族自治区人大代表提出议案，由自治区新华书店拨款10万元，在新市区纬四路（贺兰山宾馆对面）新建一座526平方米的门市部和书库。当年，纬四路新华书店开业。

是年 宁夏回族自治区新华书店拨款5万元，在中山北街购买营业网点一处。

1984 年

1月1日　宁夏回族自治区新华书店和宁夏人民出版社协商签订了《宁版图书寄销试行办法》。

2月15日　《陈云文选（1926—1949年）》出版，宁夏共发行8万册。经教育部批准，武汉大学开始在全国新华书店系统招收图书发行专修科学员。灵武县新华书店付牧之和银川市新华书店赵妡被录取。

3月12—16日　宁夏回族自治区党委宣传部、宁夏人民出版社在银川召开全区出版工作会议，学习贯彻中共中央、国务院《关于加强出版工作的决定》，传达全国出版工作会议和全国图书发行体制改革经验交流会会议精神，讨论《宁夏1983—1990年出版事业规划设想》和《宁版图书寄销试行办法》。

4月　宁夏回族自治区党委任命姚鸿儒为自治区新华书店经理兼党支部书记，宁夏人民出版社任命姚仪生、王富安为副经理。

7月15日　《陈云文选》第二卷出版，宁夏共发行5万册。在此之前，还发行了《陈云文稿选编》两种，共10.3万册。

9月30日　吴忠市新华书店新建营业楼落成开业。

10月12—17日　全区新华书店工作会议在银川召开。会议传达了全国新华书店工作会议、计划财务会议精神，讨论自治区新华书店提出的《关于企业整顿的意见》《验收标准》和网点发展规划，汇报经营责任制试点和建立岗位责任制情况。

同月　中国共产党第十二届中央委员会第三次全体会议一致通过了《中共中央关于经济体制改革的决定》，宁夏发行25万册。

12月　宁夏回族自治区新华书店的企业整顿工作，经宁夏人民出版社验收合格，颁发了合格证书。

1985 年

2月28日 宁夏回族自治区新华书店针对职工家属经营图书中存在的问题，发出了《关于加强批发业务管理，制止以权谋私的通知》。

3月18日 宁夏回族自治区新华书店发现《剑魂》杂志社向全区新华书店普遍征订载有《金瓶梅演义》内容的专刊，当即向新华书店总店汇报，并通知各新华书店一律不准征订和发行。

3月 经宁夏回族自治区新华书店专题报告，自治区计委投资180万元，建设解放西街新华书店。

4月1—3日 全区第二次建设社会主义精神文明表彰大会在银川市召开。自治区新华书店和海原县新华书店被评为先进单位，银川市新华书店赵靖被评为先进个人。

4月5日 宁夏回族自治区新华书店发出《关于在全区推行经营责任制的意见》和《经营承包责任制合同书》，并相继与全区各市、县书店签订了合同书。

8月5—9日 宁夏回族自治区新华书店在银川召开全区图书发行工作座谈会，研究、分析了库存增加和逐步完善经营责任制等问题，并提出了试行码洋匡算、控制库存定额的意见。

8月29日 宁夏回族自治区新华书店发出通知，在教师节期间对教师实行优惠售书。

9月 宁夏回族自治区新华书店制定进货码洋匡算办法，并在全区推行。

同月 由新华书店总店倡议，各省（区）新华书店班子、辽宁省新华书店筹办的发行员之家——兴城疗养院竣工交付使用。宁夏回族自治区新华书店开始安排职工疗养。

12 月 6 日 经宁夏回族自治区党委组织部同意，宁夏人民出版社党组任命周建为自治区新华书店经理。

12 月 30 日 宁夏回族自治区新华书店印发《关于推行多种购销形式的方案（讨论稿）》。

是年 全区 90%以上的市、县新华书店达到整顿标准，取得了合格证书。

是年 根据银川市城市建设规划要求，为拓宽马路，将解放东街原科技门市部、课本教材门市部及机关供应部网点拆除。

1986 年

2月23日 解放西街图书营业大楼正式开业，宁夏回族自治区、银川市党政领导亲临祝贺，自治区主席黑伯理为大楼剪彩并题词"搞好图书发行，传播科学知识"。宁夏人民出版社、自治区文化厅、宁夏外文书店及各市、县新华书店等31家单位为大楼开业刊登祝贺广告。开业当天图书销售额1.3万多元。中央电视台、《光明日报》、宁夏电视台、《宁夏日报》《宁夏青年报》等新闻单位都进行了报道。

3月1日 宁夏回族自治区新华书店召开区店老干部座谈会，为新华书店总店编辑新华书店五十周年文集征集照片、资料。

5月3日 宁夏回族自治区新华书店工会、团支部联合举办职工读书演讲会。宁夏人民出版社、银川市总工会及社直属单位的领导应邀出席。

9月17—23日 宁夏人民出版社在银川召开全区图书发行工作会议，传达贯彻全国图书发行工作会议精神，加速发行体制改革，理顺社店关系，充分发挥主渠道作用。

是年 我国开始执行"七五"计划。据统计，1986年全区新华书店库存达1210.41万元，比1985年增加24.78%，商品周转仅2.06次。

1987 年

2月6日 宁夏回族自治区新华书店发出《关于迎接店庆五十周年,开展优质服务竞赛活动的意见》。优质服务活动自3月11日起至4月30日止,历时50天。优质服务评出先进单位9个、先进个人40名,其中,灵武县新华书店、永宁县新华书店、银川新城门市部及7名先进个人在店庆大会上受到表彰。

4月15日 宁夏回族自治区新华书店店庆领导小组举办了由12家报刊、电台、电视台参加的记者招待会,介绍全国和全区新华书店史料及店庆活动安排。《宁夏日报》、宁夏人民广播电台、宁夏电视台、《宁夏画报》《宁夏科技报》对店庆活动做了报道。

4月22日 庆祝新华书店创建五十周年大会在银川宁夏宾馆礼堂隆重举行。自治区党委副书记郝延藻、自治区副主席马英亮、自治区政协副主席张源等领导出席大会,并亲切接见从事新华书店工作30年以上的老一代图书发行工作者。

同月 宁夏回族自治区新华书店举办店史图片展览,共征集各种照片115幅,展出91幅,其中8幅是20世纪50年代的。图片展览再现了宁夏新华书店各个历史时期的发行活动和网点发展情景。为了扩大社会影响,图片展于4月22日陈列在庆祝大会会场前厅,不仅增加了庆祝大会的内容,也是向领导同志和社会各界的一次业绩汇报。

同月 宁夏的店庆活动,得到了自治区党政领导的关怀与支持。自治区顾委主任薛宏福,自治区人大常委会主任马青年,自治区政协副主席张源、杨辛,宁夏新闻出版局局长霍一禾分别为店庆题词。

4月24日 《宁夏日报》刊登"热烈祝贺新华书店创建五十周年"广告,祝贺单位有自治区文化厅、宁夏新闻出版局、宁夏总工会等。

7月8日 宁夏回族自治区新华书店向宁夏人民出版社呈报了《关于改革全区新华书店现行管理体制的意见》。

7月28日 宁夏回族自治区新华书店在灵武县新华书店召开扩销降存经验交流会。

同月 石嘴山市二区新华书店改名为宁夏石嘴山区新华书店，仍由自治区新华书店直接管理。

8月15—19日 西北五省（区）新华书店协作会在银川召开。会议主要议题是交流图书发行经验，探讨发行体制改革。

10月1日 银川市新华书店与工人文化宫联合举办"国庆书店"活动，三天售书3万多册。

12月 宁夏回族自治区新华书店全年发行重点图书有：《建设有中国特色的社会主义（增订本）》《坚持四项基本原则，反对资产阶级自由化》《十一届三中全会以来重要文件汇编》《中国共产党第十三次全国代表大会文件汇编》《中国共产党章程》《邓小平同志重要讲话》《中国革命史》等。发行量105.6万册。全年书店系统基建并竣工的发行网点和设施有：中宁县新华书店、贺兰县新华书店、石嘴山市新华书店及青铜峡市新华书店营业楼，共5000平方米；自治区新华书店北门书库，4000平方米。

1988 年

3月3日 宁夏回族自治区新华书店经上级批准，将原"宁夏图书贸易公司"更名为"宁夏新华书店图书发行部"，实行独立核算，经营图书、文教用品。

5月21日 宁夏回族自治区新华书店根据宁夏新闻出版局职称改革领导小组指示，成立由周建等五人组成的职称改革办公室。

6月 中共中央宣传部和新闻出版署发出了《关于当前图书发行体制改革的若干意见》。宁夏回族自治区新华书店按照《意见》提出的深化图书发行体制改革的指导思想和目标，从宁夏的实际情况出发，制订了《关于全区新华书店深化改革、开放搞活的基本方案》。

7月9日 宁夏回族自治区体改委文件批复，将银川市新华书店财务管理权由自治区新华书店移交银川市，至此，银川市新华书店的行政、人事、党务、财务由银川市统一管理。

同月 全国人大常委会副委员长费孝通到固原县新华书店视察。

8月20日 宁夏回族自治区新华书店试行招标承包，但因中标事宜久悬未决，使全区新华书店工作受到严重影响。

9月 银川市新华书店鼓楼店建成开业。建筑面积1600平方米，共三层。这是银川市新华书店第二座营业楼。

10月 宁夏回族自治区新华书店储运科科长吴学义、吴忠市新华书店经理陈玉枝、海原县新华书店副经理张彦华被评为全区民族团结进步先进个人，受到自治区党委、政府的表彰。

1989 年

2月19—28日 银川市新华书店为活跃银川图书市场，进一步发挥主渠道作用，举办"迎春图书展销"活动。

2月20日 宁夏回族自治区新华书店向宁夏新闻出版局报送《关于成立"经营开发部"的请示汇报》。

同月 宁夏回族自治区新华书店根据治理整顿的方针，发出《一九八九年全区图书发行工作纲要》，从宏观上规划了深化改革的基本意向，部署了全年重点抓好治理发行环境、整顿发行秩序、加强经营管理等10项工作。

4月27日 宁夏回族自治区新华书店召开全区图书发行工作会议。会议着重讨论了出版发行形势，统一对治理整顿的认识，交流了经营承包责任制的情况和经验，商定了系统内清产核资计划，通过了全区新华书店利润分配细则，下达了1989年各项经济指标，从而保证了各项工作的正常运转。

5月 宁夏回族自治区新华书店根据自治区政府领导的指示，组建了新的领导班子。宁夏新闻出版局、宁夏人民出版社党组决定：王渊如任自治区新华书店经理，张建国、孙原任副经理。

同月 宁夏回族自治区新华书店制定了《职工考勤管理制度暂行规定》，严格劳动纪律，建立良好的工作秩序。随后，着手进行定岗、定编、定责的"三定"工作，明确各科室的职责范围、工作任务、岗位设置和人员编制，并拟订了各工种、各工序的规章制度，为强化岗位责任，实行定额管理，逐步实现各项管理、业务工作规范化、制度化奠定了基础。经过治理整顿，当年销售、调拨收入达到3072万元，利润124万元，较上年分别增长7%和17%，为宁夏图书发行工作带来了新的转机。

7月 宁夏回族自治区新华书店提出《一九八九年下半年工作计划》。《计划》在调查研究的基础上，针对存在的组织纪律"散"、业务秩序"乱"、经营管理"差"、人浮于事"多"的实际情况，从贯彻党的十三届三中全会和四中全会精神、加强治理整顿、深化企业改革、改善经营管理等四个方面制定了切实有效的措施。

8月11日 宁夏回族自治区新华书店根据自治区政府的指示，向全区新华书店发出《关于认真做好清查和整顿书刊市场工作的通知》。全区新华书店共查出反动黄色及非法书刊54种1.45万册。

9月 银川市新华书店根据中央"一手抓扫黄，一手抓繁荣"的方针，举办了国庆图书展销，展出各类图书1055种，销售1.1万册、1.12万元。

10月 宁夏回族自治区新华书店经理室带领三个工作组分赴银北、银南、固原地区，与各市、县新华书店议签《1989年至1990年经理任期目标责任书》。

11月3日 宁夏回族自治区新华书店根据宁夏新闻出版局批复，建立惠农县新华书店，同意惠农县新华书店作为县级店的试点，由惠农县全面领导。自治区新华书店对惠农县新华书店进行积极扶持，加强指导。

12月 宁夏回族自治区新华书店在银川召开全区首次教材发行工作会议，讨论通过了《关于改进和加强中小学课本发行工作的若干规定》。

是年 宁夏回族自治区新华书店根据改革形势的发展和宁夏新闻出版局的部署，实行经理任期目标制。自治区新华书店与新闻出版局、各市（县）新华书店分别签订《经理任期目标责任协议书》。《协议书》确认各级新华书店的法人代表和经营期限，规定经营期间的上缴指标、经营指标、资产增值指标，明确双方的权利、义务及奖罚措施。

是年 宁夏外文书店家属院在西门桥外、唐徕渠边开工建设，两年后竣工，32名职工分到房子入住。

1990 年

1月8—12日 宁夏回族自治区新华书店召开全区书店财务工作会议，汇审编报了1989年会计决算，安排了1990年财务工作，讨论了强化财务管理、履行监督职责等问题。

3月 宁夏回族自治区新华书店决定《宁夏图书发行》复刊，每月1期。同时，恢复编印《业务通讯》。

同月 宁夏回族自治区新华书店经理室通过认真考察和充分酝酿，并报宁夏新闻出版局批准，聘任自治区新华书店中层领导班子；同时，与各科室签订了《1990年任期目标责任协议书》。在此基础上，调整充实了机构和人员，完成定编、定岗、定责工作。

4月10—14日 宁夏回族自治区新华书店在银川、吴忠、固原召开了书店系统分片财务会议，进一步学习《中华人民共和国会计法》，讨论、通过了全区新华书店《会计工作达标及升级试行办法》。

6月5—7日 宁夏回族自治区新华书店举办全区书店图书调剂会，陈列图书3800余种，调剂图书5.5万册、18.3万元。

同月 宁夏回族自治区新华书店为了进一步搞好职工教育培训工作，成立全区书店职工教育领导小组，并召开第一次会议，传达全国新华书店第三次教育工作会议精神，制订了全区书店《1990年至1991年职工教育培训规划》，研究制定了贯彻落实意见。

同月 宁夏回族自治区新华书店向宁夏新闻出版局报送《宁夏图书发行网点建设存在的问题及解决办法的意见》。

9月 宁夏回族自治区新华书店贯彻"治理整顿"精神，制定并下发了《关于全区书店管理工作的试行规定》《关于滞销图书处理办法》《关于市、县书店费用及各项支出暂行规定》《关于开展多种经营的试行办法》《关于廉政建设暂行规定》。

10月1日 石嘴山市新华书店新建营业大楼开业。

10月10日 宁夏回族自治区新华书店举办第8期业务培训班，为期一个月，各市、县新华书店门市部主任及业务骨干35人参加学习。

10月24日 惠农县新华书店成立。

同月 宁夏回族自治区新华书店向宁夏新闻出版局呈报《关于部分市、县新华书店级别问题的报告》。

1991年

1月9—15日 宁夏回族自治区新华书店召开全区书店财务工作会议，汇审编制了1990年财务决算和统计报表，学习讨论了新闻出版署颁发的新的会计、统计制度，总结了一年来的财务工作，安排了1991年的任务。

1月28日 宁夏回族自治区新华书店召开全区书店经理会议。会议传达和学习了全国图书发行工作会议精神，总结了几年来全区图书发行体制改革的成绩和经验教训，讨论并通过了自治区新华书店拟定的《关于加强全区农村图书发行工作的意见》《关于加强门市工作的意见》《关于繁荣图书市场，加强一般图书发行的意见》《关于完善第二轮经理任期目标管理的意见》及《1991年工作计划要点》。

4月 宁夏回族自治区新华书店根据中央宣传部、新闻出版署的决定，《中华大家唱（卡拉OK）曲库》由新华书店总发行。自治区新华书店成立了发行领导小组，把它作为占领思想文化阵地的政治任务加以落实。自治区新华书店与宁夏总工会联合发文，向全区各级工会进行宣传推荐。全年共销售录音带5017盘、录像带915盘、歌本2000册，金额达8.6万元。

5月1日 宁夏回族自治区新华书店举办了全区书店业务（在岗）培训班，对45岁以下、未经培训的124名职工进行为期两个月的培训。培训中期和期末进行了闭卷考试，考试合格者颁发了培训证书。

5月15日 宁夏回族自治区新华书店根据新闻出版署《关于举办全国新华书店首届财会知识竞赛的通知》精神，成立竞赛领导小组，制订竞赛计划，组织全区书店财会人员积极参加。在全国决赛中，宁夏代表队取得中上成绩，郭小鲁同志获得优秀奖，为宁夏争得了荣誉。

5月30日 宁夏新闻出版局、计划委员会、城乡建设厅向各市、县发出《关于转发〈关于图书发行网点建设若干问题的通知〉的通知》，要求各地认真贯彻落实，继续给予重视和支持。

6月23—25日 新华书店总店总经理汪轶千来宁夏考察图书发行工作，听取了自治区新华书店的工作汇报，并深入银川市店鼓楼门市部和区店储运科进行视察。

6月25日 全区新华书店开展优质服务百日竞赛活动。自治区新华书店成立了竞赛领导小组，具体部署了竞赛的内容、要求和评比奖励办法，统一制发了全区书店营业员服务胸卡。在竞赛活动期间，各店送书上门1100多次，收订图书11.3万册，缺书登记7700册，销售各类图书998万多元，比上年同期增长12.6%。

6月30日 宁夏回族自治区新华书店根据石嘴山市政府《关于石嘴山区、石炭井区书店归属石嘴山市店领导的决定》，将石嘴山区和石炭井区两处新华书店划归石嘴山市新华书店管理。

同月 宁夏回族自治区新华书店在石嘴山、吴忠、固原同时召开了分片经理会议，与各市、县新华书店签订了《1991—1993年经理任期目标管理责任协议书》。同时，对半年来各店贯彻全区经理会议情况进行了汇报与交流。

7月1日 银川、石嘴山、吴忠、青铜峡等地隆重举行了《毛泽东选集》第二版一至四卷发行仪式。自治区副主席杨惠云、自治区党委宣传部副部长邓万、宁夏新闻出版局副局长白瑜等领导同志参加了银川的首发式。全年共发行《毛泽东选集》第二版6.2万套。

同月 全区书店广大职工以饱满的政治热情迎接建党70周年，积极发行《江泽民同志"七一"特刊》，举办歌咏比赛，并荣获宁夏新闻出版局机关党委授予的"党史、党的基本知识竞赛"优胜支部。

8月31日—9月11日 宁夏回族自治区新华书店组织全区三分之一的基层书店参加在广州举行的第四届全国书市。自治区新华书店展出宁版图书145种，销售近万元。

10月11日 宁夏回族自治区党委书记黄璜在隆德县委书记魏德元陪同下，亲临隆德县新华书店门市部视察。他听取了书店经理的汇报，对书店同志给予热情勉励，并就增加发行网点、开办古旧书回收业务、开展多种经营、提高服务质量等方面提出了指导性意见。

11月4日 宁夏回族自治区新华书店举办全区书店第十期进货业务培训班，各市、县新华书店27人参加。

11月28日 宁夏回族自治区新华书店向宁夏新闻出版局报送《关于进一步理顺和完善我区新华书店管理体制的报告》，并抄送自治区党委宣传部、体改委、劳人厅。

12月2日 宁夏回族自治区新华书店在银川市举办了全区新华书店第二次业务技能、业务知识竞赛。全区13个市、县新华书店代表队的51名选手参加比赛。

12月3日 全区新华书店优质服务、业务财会知识竞赛总结表彰大会在银川举行。自治区党委常委、宣传部部长马启智，自治区党委秘书长周安科，劳动人事厅副厅长赵书亮，新闻出版局副局长白瑜，宁夏人民出版社副社长苏振祺等出席大会，并向优胜单位和个人颁发了奖旗、奖牌、奖状和奖品。

12月10日 宁夏回族自治区体改委、劳动人事厅、新闻出版局发出《关于调整我区新华书店管理体制的决定》，对全区新华书店现有体制做出调整：（1）今后市、县书店人员管理，由自治区新华书店同当地有关主管部门共同协商，以自治区新华书店管理为主；（2）银川、惠农两市、县新华书店仍维持现行管理体制；（3）自治区新华书店尽快与市、县主管部门联系、妥善安排接交事宜。应以1991年12月底在册正式职工人数为准。1992年1月开始按新体制进行管理。

1992 年

1月4日 宁夏回族自治区新华书店召开全区新华书店管理体制研讨会，传达、学习自治区体改委、劳动人事厅、新闻出版局《关于调整我区新华书店管理体制的决定》，统一思想，提高认识；研究如何贯彻、落实《决定》，做好体制调整及人员交接工作；商定加强系统管理及搞好与地方党政部门关系的意见。劳动人事厅副厅长郝振秋、新闻出版局副局长白瑜及自治区体改委企业处，劳动人事厅工资处、调配处，新闻出版局办公室、印刷发行处等部门的负责同志出席了会议。

1月16日 根据宁夏回族自治区体改委、劳动人事厅、新闻出版局文件精神，各市、县新华书店的人事由自治区新华书店统一管理。历时45天，顺利完成了各市、县新华书店调整管理体制、办理人员交接等工作。

1月16—24日 宁夏回族自治区新华书店派出试点组，赴青铜峡、盐池、灵武三市、县店，对人员交接进行试点工作。

2月18—28日 宁夏回族自治区新华书店在试点的基础上，组成三个交接工作组，分赴银南、银北、固原地区各市、县店，全面开展交接工作。交接工作得到了各市、县党政部门的热情支持与积极配合；对存在的问题，分清是非，妥善处理。整个交接工作历时一个半月，有计划，有步骤，先点后面，进展顺利，圆满完成了任务。

3月10日 宁夏回族自治区新华书店派出调查组，并约请自治区审计事务所的同志，对青铜峡市新华书店人员严重超编、违反财经纪律等问题进行专项调查、审计。

3月12—13日 宁夏回族自治区新华书店召开全区1993年年历、年画看样订货会，展出样品237种，共收订各种年历（画）37万册（张）、182.3万元。

3月15—28日 宁夏回族自治区新华书店组织全区新华书店参加全国首届图书分片看样订货会。参加的39种宁版图书，共订出8.06万册、48.4万元；各店订进外版书28.2万册、150万元。

4月21日 宁夏新闻出版局机关党委召开1991年度民主评议党员总结会，自治区新华书店王渊如、吴学义被局机关党委评为1991年度优秀党员。

4月23日 宁夏回族自治区新华书店举行庆祝新华书店创建55周年报告会，经理王渊如做了关于新华书店店史及深化图书发行体制改革的报告。

4月24日 宁夏回族自治区新华书店在银川市宁夏宾馆召开庆祝新华书店创建55周年座谈会。自治区党委宣传部副部长袁宗杰、邓万，体改委主任杨茂林，劳动人事厅副厅长贾忠南，新闻出版局局长陈振基、副局长白瑜，宁夏人民出版社副社长苏振祺等领导出席会议。《宁夏日报》刊登大幅店庆广告，介绍新华书店简史及经营范围、服务项目等。全区新华书店九折优惠售书一天。

6月4日 宁夏回族自治区新华书店为适应全区调整新华书店管理体制的需要，经宁夏新闻出版局〔1992〕003号文件批准，区店增设人事教育科，并即日起启用印章。

6月7—9日 宁夏回族自治区新华书店在中宁县召开全区新华书店会计达标观摩会，交流达标经验，部署达标验收工作，进一步推动全区书店系统会计工作达标准、上等级活动。

6月19—20日 宁夏回族自治区新华书店召开银川、石嘴山、吴忠、固原等地、市所在地书店经理座谈会，讨论深化图书发行体制改革和发展优质服务活动的意见。

6月24日 宁夏回族自治区新华书店根据新闻出版署、人事部和自治区新闻出版局、劳动人事厅、文化厅关于评选新闻出版系统先进工作者和先进集体的精神，发出《关于全区新华书店系统评选先进工作者和先进集体的通知》，对评选表彰工作进行具体部署。

6月24日 宁夏回族自治区新华书店印发《宁夏新华书店系统门市工作规

范（试行）》，要求各店结合具体情况，制定实施细则。《门市工作规范（试行）》从1993年1月1日开始执行。

6月29—30日 在吴忠、石嘴山、固原分片召开银南、银北、固原地区新华书店经理会议，传达、讨论、落实新华书店系统评选先进、优质服务和深化改革事宜。

7月10日 全区新华书店开展第二次百日优质服务活动。优质服务以提高城市图书发行质量、加强农村图书发行为中心，积极带动其他各项工作。

7月27日 宁夏回族自治区新华书店召开全区新华书店第一次教材征订汇审会。

8月4日 灵武县新华书店新建的面积达1100平方米的营业楼落成开业。宁夏新闻出版局副局长白瑜、灵武县委副书记杨金柱、灵武县副县长王志勤、灵武县政协副主席西世泽等领导出席开业庆典。

9月4日 宁夏回族自治区新华书店根据自治区政府《关于进一步搞活流通若干问题的决定》，经宁夏新闻出版局和财政厅批准，全区新华书店实行四项提留：(1)销售活动费，按销售额4‰提取；(2)增补流动资金，按销售额1.5%提取；(3)风险准备金，按销售额2.5%提取；(4)仓储设备改造费，按销售额1%提取。此项地方性政策，对增强书店活力、增强企业后劲有积极作用。

9月15—18日 宁夏回族自治区财政厅商贸处处长马东平、新闻出版局印刷发行处处长周健，在自治区新华书店领导陪同下，先后赴中宁、彭阳、固原、同心、中卫等五个县新华书店视察农村发行、业务设备和网点建设情况。

10月11—21日 宁夏回族自治区新华书店组织基层店参加在成都举办的全国第五届书市。区店共订出宁版图书23种、1.4万册、11.4万元，并请温江县店代销宁版书2500册、码洋9000余元。

10月23—30日 宁夏回族自治区新华书店组织三个验收评比小组，分赴银南、银北、固原地区，对20个市、县新华书店开展优质服务活动情况进行查验。按照验收标准，经过看、听、议和打分，评选出7个书店为各地区的优胜单位。

10月24日 宁夏回族自治区主席白立忱到青铜峡新华书店视察工作，检查了解书店开展优质服务、图书宣传发行及职工生活等情况,并做了重要指示。白立忱说:"你们要大胆改革创新,多送书下乡,将科技兴农的图书送到农村去,为'两个文明'建设做出更大的贡献!"

11月7日 宁夏新闻出版局和劳动人事厅召开宁夏新闻出版系统先进工作者和先进集体表彰会议,全区新华书店系统张世银、王富安、吴学山、田玉明、黄兰珍、胡银海、王慧卿、卢凤菊被授予先进工作者称号,自治区新华书店、平罗县新华书店、彭阳县新华书店被授予先进集体称号。

12月18—20日 中央宣传部、新闻出版署在北京人民大会堂召开"全国农村图书发行工作研讨暨百县表彰大会",宁夏彭阳县委、政府和固原县新华书店被评为优胜单位,受到表彰。

12月23—26日 全国新闻出版局长会议和全国出版系统先进集体、先进工作者表彰会在北京同时召开,宁夏回族自治区新华书店被评为先进单位,中卫县新华书店张世银同志被评为先进工作者,受到新闻出版署、劳动人事部表彰。

12月25日 宁夏回族自治区税务局发文,决定对自治区10个民族市、县的新华书店,从1992年起免征企业所得税。当年免税额21.6万元。

是年 宁夏教育书店成立,这是自治区新华书店的第一个直属门市部。

1993 年

1月11—14日 宁夏回族自治区新华书店全区新华书店经理会议和全区新华书店双先表彰会议在银川召开。自治区党委宣传部副部长邓万、政府办公厅副主任王景巅、劳动人事厅副厅长贾忠南、新闻出版局副局长白瑜等领导参加了大会开幕式和闭幕式。这次会议的主要内容是：传达贯彻全国新闻出版局长会议、全国新闻出版系统先进集体和先进工作者会议、全国农村图书发行工作研讨暨表彰会议精神，讨论全区新华书店改革方案和1993年工作计划，总结1992年全区新华书店优质服务竞赛工作，表彰全区新华书店系统先进集体和先进工作者及全区新华书店1992年优质服务竞赛优胜单位和先进个人。出席全区新华书店系统双先表彰会的8名先进集体代表和30名先进工作者向全区各市、县新华书店及全体职工发出了《倡议书》。

2月10日 宁夏回族自治区新华书店发出经全区各市、县书店经理会议讨论通过的《全区新华书店深化改革、开放搞活的基本方案》和《全区新华书店1993年工作计划要点》。《基本方案》的主要内容包括：完善管理体制，转换经营机制，繁荣图书市场，加强农村发行，提高教材发行质量，积极开展音像制品的发行，广泛开展多种经营，推行规范化管理。

3月2—4日 宁夏回族自治区新华书店在固原召开全区新华书店1994年挂历、图书订货调剂会。共订购年画、挂历354种、4.5万册、191万元，编印、发行1994年撕历8.6万册、10万元。

3月4日 宁夏回族自治区新华书店王渊如、石俊英同志被宁夏新闻出版局、宁夏人民出版社机关党委评为1992年度优秀党员，受到表彰。

3月6日 宁夏回族自治区人民政府发布了《宁夏回族自治区文化市场管

理暂行规定》，对书报刊经营管理做出明确规定：凡"非正式发行单位不得进行出版物的征订、发行和销售经营活动"，"中小学教材及辅导读物和国家规定包销类的大中专教材，由新华书店统一征订包销，其他单位和个人未经批准不得征订、发行和销售。"

3月7日 全区新华书店参加全国新华书店分片图书看样订货会。参订宁版图书初版14种、重版27种，共收订33种、16.6万元。在西安举行的西北片订货会上，分配宁夏的订货指标65万元，全区新华书店实际订货140万元，超额115%。

4月8日 宁夏回族自治区新华书店在自治区财政厅、新闻出版局的关心支持下，多方筹集资金，为尚无机动车辆的12个市、县新华书店各配一辆客货两用车。在隆重举行的"农村图书供应车发车仪式"上，自治区党委宣传部、新闻出版局、财政厅及自治区新华书店的领导同志为12个受车书店颁发了车辆钥匙和证明。至此，提前两年基本上实现了县县书店有汽车的目标，进一步推动农村图书发行工作向广度和深度发展。

4月12日 宁夏新闻出版局批复自治区新华书店《关于调整区店部分职能机构的报告》，同意撤销业务科、储运科，成立图书发行部、教材发行部、储运部。

同月 宁夏回族自治区新华书店首次与河北、山东、江西等新华书店合作，负责向3省123个市、县新华书店印发东教版1993年秋季《小学单元练习与辅导》5种、26万册、52万元。由于周密部署，包装质量好，差错少，受到各店好评。接着，又印发了1994年春季《中小学单元练习与辅导》12种、54万册、110万元，取得了较好的社会效益与经济效益。

5月12日 新闻出版署图书发行司副司长王俊国来宁夏回族自治区新华书店视察工作。区店经理室向王副司长汇报了全区新华书店体制改革、发行业务、网点建设及存在问题等情况。王副司长对宁夏图书发行工作在困难条件下取得的成绩给予肯定，对发行工作中存在的困难与问题表示理解和关心，并对深化发行体制改革、加强农村图书发行、提高教材发行质量等提出了希望与要求。

5月13日 宁夏回族自治区新华书店经理办公会议讨论并原则同意储运部改革方案，决定7月1日起部门实行费用包干、二级核算。

5月22日 宁夏回族自治区新华书店经理办公会议讨论并原则同意经营部改革方案，决定自次年1月1日起实行独立核算，自负盈亏。

6月7—13日 宁夏回族自治区新华书店举办全区新华书店新财务会计制度学习班，邀请新闻出版局印刷发行处和财政厅商贸处同志授课，详细讲解《企业财务通则》和《企业会计准则》，为新财务、会计制度的顺利贯彻执行打好基础。

8月20日 为适应发行体制改革和加强图书发行工作的需要，经宁夏新闻出版局、宁夏人民出版社机关党委批复，同意自治区新华书店成立党的总支部委员会。

9月1—4日 西北五省（区）新华书店第九次协作会在银川召开。会议以改革、协作、交流为主题。宁夏回族自治区党委副书记康义、自治区政协副主席强锷、自治区党委宣传部副部长邓万、宁夏新闻出版局局长白瑜、宁夏人民出版社副社长苏振祺等领导出席开幕式并讲了话。

9月22日 吴忠市新华书店金积镇门市部落成开业。宁夏新闻出版局局长白瑜、印发发行处处长周建，自治区财政厅商贸处处长马东平等领导出席开业庆典。

9月25日 宁夏回族自治区税务局以〔1993〕330号文件转发国家税务局《关于进一步支持宣传文化事业的通知》，决定自1993年5月1日至1995年12月31日对全区县以下新华书店农村销售部分免征营业税。同时，对自治区新华书店和银川、石嘴山两市新华书店，自1993年5月1日至1994年12月31日，对大中小学课本销售部分免征营业税。

同日 宁夏回族自治区新华书店经理王渊如被评为全区民族团结进步先进个人，受到自治区党委、政府的表彰。

9月27日 西北五省（区）首届发行科学论文研讨会在甘肃天水召开。全区新华书店系统入选论文8篇。

10月19日 永宁县新华书店李俊镇门市部开业。

同月 宁夏回族自治区新华书店为了进一步提高中小学教材的发行质量，组织调查组先后到石嘴山、平罗、青铜峡、中卫、海原、固原、彭阳、银川等8个市、县新华书店及部分学校进行调查，深入了解教材发行工作的现状、存在的问题及今后改进的意见，写出了调查报告。

同月 宁夏回族自治区新华书店根据新闻出版署下发的《调查提纲》，组织3个调查组，分赴6个市、县新华书店，对当前发行体制改革、图书市场现状及发行队伍建设等问题进行调查研究，提出调查报告。

11月1日 宁夏回族自治区主席白立忱再次到青铜峡市新华书店视察。

11月2日 宁夏回族自治区新华书店和银川市新华书店举行《邓小平文选》第三卷首发式，自治区党委副书记康义、自治区纪委书记李俊杰、自治区副主席刘仲、自治区党委宣传部副部长邓万、宁夏新闻出版局局长白瑜等领导出席并剪彩。同日，石嘴山、吴忠、中卫、西吉等市、县新华书店也举行了首发式，当地党政领导应邀出席。5日起，宁夏租型印制的第一批《邓小平文选》第三卷5万册陆续在各市、县发行。

11月21—26日 宁夏回族自治区新华书店关自力同志参加由联合国教科文组织与新闻出版署联合举办的"图书销售培训班"。

同月 根据国务院、宁夏回族自治区政府及新闻出版局关于开展财务、物价、税收大检查的通知和要求，全区新华书店在自查的基础上，自治区新华书店组织3个检查组，对石嘴山、平罗、吴忠、中卫、固原、彭阳等6个市、县新华书店进行了重点检查。检查结果表明：各书店执行财税纪律的情况是好的和比较好的，没有大的违纪行为。

12月8日 宁夏新闻出版局、宁夏人民出版社党组派出考察组，对自治区新华书店领导班子进行考核。

12月10日 宁夏回族自治区人事劳动厅和财政厅批准自治区新华书店《1993年工效挂钩方案》，自治区新华书店下达各市、县新华书店1993年工效挂钩基数。这是全区新华书店系统分配制度的重大改革。

1994 年

1月9—13日　宁夏回族自治区新华书店召开全区新华书店财务工作会议，学习贯彻《增值税暂行条例》《企业所得税暂行条例》《营业税暂行条例》《消费税暂行条例》《发票管理办法》《会计法（修改决定）》，自治区税务局所得税处处长张建国到会就新税制改革做了讲话。

1月20日　宁夏新闻出版局局长白瑜代表局、社党组宣布关于自治区新华书店领导班子的聘任通知，王渊如任经理，张建国、孙原任副经理。

1月21日　宁夏回族自治区新华书店召开全区1994年秋中小学教材征订汇审会。

2月21日　宁夏回族自治区新华书店与宁夏新闻出版局签订《1994年经理任期目标责任协议书》。

3月4—8日　宁夏回族自治区新华书店召开全区新华书店经理会议，传达学习全国宣传思想工作会议和全国新闻出版局长会议精神，制订1994年工作计划，讨论区店拟定的《关于加强一般图书发行工作的意见》《关于加强宁版图书发行工作的若干意见》《关于组建集团型经济实体的初步设想》《关于加强中小学教材发行工作的规定》，签订区店与各市、县店《1994年经理目标管理责任补充协议书》。自治区党委宣传部副部长邓万、宁夏新闻出版局局长白瑜到会并讲话。

3月11—21日　宁夏回族自治区新华书店经理王渊如作为"中国出版代表团"成员，前往马来西亚新山市参加由中国出版贸易总公司、新山中华公会主办，新华书店总店、《星洲日报》协办的"柔佛中国图书大展"。宁夏人民出版社《古兰经哲学思想》《中国的伊斯兰教》《回族史论稿》等20种图书参展，并受到欢迎。回国途中，顺道访问了新加坡。

3月28日 宁夏回族自治区新华书店印发《全区新华书店1994年工作计划》《关于加强一般图书发行工作的意见》《关于加强宁版图书发行工作的意见》《关于加强中小学教材发行工作的规定》《关于建立全区新华书店图书批销中心的若干原则意见》。

4月14日 宁夏回族自治区新华书店召开党员大会，选举成立党的总支部委员会。局、社机关党委副书记刘明才参加大会并讲话。通过选举，王渊如、张建国、孙原、苏保国、石俊英5人当选。经党的总支部委员会第一次会议研究，并报局、社机关党委批准，具体分工为：党总支书记王渊如、副书记张建国、宣传委员孙原、组织委员苏保国、纪检委员石俊英。

5月4日 宁夏回族自治区新华书店召开银川、石嘴山、吴忠、固原等四市、县新华书店经理会，研究抽检全区书店系统股份制批销中心事宜。

5月22—24日 宁夏回族自治区新华书店召开全区1995年年画、挂历看样订货会，组织京、津、沪等23家出版单位的223个品种参订。据统计，全区共订进挂历等32.6万册（张）、90余万元。

6月9日 宁夏回族自治区新华书店召开职工大会。会上，自治区新华书店党总支、经理室与各党支部、各部门签订《精神文明建设目标管理责任书》，传达全国新华书店城市发行工作研讨会精神，关于参加马来西亚"柔佛图书大展"情况汇报。

7月25日 宁夏回族自治区新华书店针对部分市、县新华书店发生投资失误和担保受损的情况，发出《关于加强对外投资及从严掌握贷款担保的通知》。这是自治区新华书店加强财务宏观管理、确保国有资产保值增值的重要举措。

7月26日 宁夏回族自治区新华书店根据宁夏新闻出版局批复，将经营部更名为教育书店。

7月29日 宁夏回族自治区新华书店依据《中华人民共和国公司法》并报经自治区体改委批准，以全区各市、县新华书店为主体的股份制企业——宁夏新华图书有限责任公司召开第一次股东代表大会，讨论通过了公司《章程》，并宣告公司正式成立。

经股东代表大会选举，马育中、王渊如、陈俊、陈玉枝、张建国、罗喜凤、赵亚东、剡登榜、苏保国、郭小鲁10人组成公司第一届董事会，王琳、孙原、姜乐琪3人组成公司第一届监事会。

经第一届董事会第一次选举，王渊如任董事长、张建国任副董事长。经第一届监事会第一次会议选举，孙原任监事长。经董事长提名，董事会同意聘任兰振国为总经理；经总经理提名，董事会同意聘任刘爱光为公司副总经理。

7月30日 宁夏回族自治区新华书店继续与山东、河北、江西等新华书店合作，代印代发东教版《新编单元练习与辅导》125万册、264万元，册数、金额分别比上年增长4倍、5倍。

同月 组建成立了以全区各市、县新华书店为主体的股份制企业——宁夏新华图书有限责任公司。

8月9日 宁夏新闻出版局批复，同意自治区新华书店在银川筹建图书批发市场。

8月18—24日 宁夏回族自治区新华书店在银川市举办"1994年塞上江南"图书节。图书节由宁夏新闻出版局、宁夏人民出版社主办，自治区新华书店、银川市新华书店、宁夏人民出版社发行部、宁夏外文书店承办。邀请31家出版社参加，展销图书1.5万册，展销场地2000平方米，分设五个馆。图书节期间，仅主展场银川市新华书店解放西街门市部接待读者10万人次，销售图书6万余册、金额35万元，圆满地完成了任务。

8月27日 西北五省（区）新华书店第三节储运工作协作会在银川召开。应邀参加会议的有新华书店总店储运公司、上海发行所、天津发行所和四川省新华书店。会期四天。

10月1日 彭阳县新华书店营业楼落成开业。彭阳县委、人大、政府、政协及宁夏新闻出版局印刷发行处、自治区新华书店的领导参加了开业典礼。

10月8—16日 宁夏回族自治区新华书店组团参加了在武汉举办的第六届全国书市，收订宁版书1.7万册、15.5万元；另请武昌区新华书店代销图书2600

册、3.2万元。全区各市、县新华书店订货100多万元。

10月18日 宁夏回族自治区新华书店建店45周年。为了继承和发扬新华书店的优良传统，自治区新华书店本着"分散适度、节俭务实"的精神，召开了老干部座谈会，出版了店庆墙报，隆重举行了"庆祝宁夏新华书店成立45周年大会暨向'希望工程'赠书仪式"。宁夏新闻出版局局长白瑜、自治区团委书记刘慧及自治区新华书店、银川市新华书店职工参加了大会。区店向贫困地区的8所希望小学捐赠2万元图书，隆德、泾源、西吉等县希望小学回赠了锦旗和感谢信。捐赠仪式后，区店经理王渊如做了店史报告。

11月2日 宁夏回族自治区新华书店和银川市新华书店联合举行《邓小平文选》第一、二卷首发式。自治区党委常委马锡广、自治区人大常委会副主任杨惠云、自治区副主席刘仲、自治区政协副主席郝廷藻以及自治区党委宣传部、宁夏新闻出版局与银川市有关部门的负责同志出席。

11月10—17日 宁夏回族自治区新华书店组织3个财务大检查组，对贺兰、永宁、盐池、青铜峡、海原、隆德等六市、县新华书店进行重点检查。

同月 宁夏回族自治区新华书店组成2个工作组深入各市、县新华书店，全面检查《门市工作规范（试行）》执行情况，逐店进行验收。

12月16日 宁夏回族自治区新华书店召开教材发行座谈会。自治区教育厅副厅长王世福、普教处处长于连湘、教研室主任戴孝曦等应邀参加。

1995 年

1月8日 宁夏回族自治区新华书店召开全区新华书店1994年度会计决算会议。

1月17日 宁夏回族自治区新华书店召开全区新华书店1995年秋季教材征订汇审会。

同月 成立银川市新华实业总公司。

同月 宁夏回族自治区新华书店派出3个工作组，对全区各市、县新华书店领导班子1994年工作情况进行考核。

2月22日 宁夏回族自治区新华书店党总支召开党员大会，布置1994年度党员民主评议工作。

3月3日 成立银川新华经济开发中心。

3月11日 宁夏回族自治区新华书店计划发行部更名为银川教育书店，增设银川音像图书批发中心。

3月31日 宁夏回族自治区新华书店根据中央四部、署和自治区有关部门关于开展"送书下乡"活动的要求，向全区新华书店发出通知，对此活动做了具体部署，并统一规定时间为4—6月。

同月 宁夏回族自治区新华书店被自治区人民政府第三产业普查协调小组办公室评为宁夏零售贸易业"最佳效益单位"。

4月5日 宁夏回族自治区新华书店印发《一九九五年工作计划》。

4月8—10日 宁夏回族自治区新华书店召开全区新华书店财务工作会议。会议根据国务院决定和自治区政府部署，安排全区书店从4月份起进行清产核资工作。

同月　中共中央办公厅、国务院办公厅转发了新闻出版署党组《关于进一步加强和改进出版工作的报告》。根据《报告》精神，宁夏回族自治区新华书店制定了《关于切实加强一般图书发行工作的意见》。《意见》要求全区新华书店一定要着眼于新时期图书发行工作所肩负的重任，转变观念，提高认识，建立一般图书发行经理责任制，使一般图书发行量占销售总额的比例力争达到50%。

5月4日　宁夏回族自治区新华书店根据新闻出版署有关规定，副经理孙原参加了"第一期全国省级新华书店经理岗位培训班"，历时44天，接受岗位资格培训，并取得了岗位培训合格证书。

5月15日　宁夏回族自治区劳动人事厅、财政厅、新闻出版局与自治区新华书店研究全区新华书店1995年工效挂钩方案。

5月19日　宁夏新闻出版局、宁夏人民出版社机关党委对自治区新华书店"二五"普法教育工作进行考核验收。

7月27日　宁夏回族自治区出版工作者协会召开第三次会员代表大会。自治区新华书店王渊如、张建国当选版协第三届理事会理事。

8月8—11日　宁夏回族自治区财政厅商贸处处长马东平、新闻出版局印刷发行处处长周健在自治区新华书店领导陪同下，前往海原县、隆德县、彭阳县、固原县考察发行网点建设。

同月　西北地区第二届发行科学论文研讨会在乌鲁木齐召开，全区新华书店系统19篇论文入选，受到好评。

9月5—8日　宁夏回族自治区新华书店召开全区新华书店经理会议。自治区党委宣传部副部长邓万，宁夏新闻出版局局长白瑜、副局长雷振云，宁夏人民出版社副社长高伟应邀出席，并做了讲话。会议主要讨论自治区新华书店拟定的《关于加强一般图书发行工作的意见》《关于加强财务管理工作的意见》《关于认真做好课本预收款工作的暂行规定》，贯彻《商品管理责任制实施细则》，签订《贷款结算合同》。

同月　宁夏新华图书有限责任公司召开第二次股东代表大会。经第一届董事会、监事会第二次会议研究，决定聘任刘爱光为公司总经理，聘任石俊英为公司顾问。

同月 宁夏回族自治区新华书店在自治区教育厅教研室的积极支持下，租型印供广东教育版《新三字经》，全区共发行15.5万册，受到广大师生的欢迎。

10月6日 宁夏回族自治区宣传思想工作领导小组召开全区出版系统先进集体和优秀工作者表彰大会，永宁县新华书店、海原县新华书店被评为先进集体，孟小平、杨万录等8人被评为优秀工作者。全区新华书店积极参加1995年全国新华书店看样订货会，自治区新华书店组织宁版图书109种参订，成交码洋32.4万元。

10月13—27日 宁夏回族自治区新华书店经理王渊如作为"中国新华书店赴美考察团"成员，前往美国对图书发行行业进行考察访问。

11月24日 宁夏新闻出版局副局长雷振云、宁夏人民出版社副社长高伟代表局（社）党组，在自治区新华书店科级以上干部会议宣布区店新的领导班子，张建国任总经理、党总支书记，孙原任副总经理。

12月12日 中央四部、署召开全国"送书下乡"活动表彰会，宁夏彭阳县新华书店被评为"先进发行单位"，自治区新华书店被评为"先进组织单位"。

同日 中国书报刊发行业协会召开全国第二届会员代表大会。宁夏回族自治区新华书店总经理张建国当选协会第二届理事会副会长。

是年 宁夏回族自治区新华书店根据固原县政府关于三营经济开发区的统一规划，投资54万元，固原县新华书店自筹24万元建造了面积达865平方米的三营门市部营业楼。

是年 在秋季课本发行中，固原市新华书店违犯发行政策，中宣部以简报形式刊登小河中学在《宁夏日报》的批评稿件，自治区党委领导亲自批示，新闻出版局和教育厅共同查处。

1996 年

1月8—13日 宁夏回族自治区新华书店召开全区新华书店1995年度财务决算会议。会议主要任务是：核算及提取1995年工效挂钩的效益工资，统一清产核资后的账务处理，布置职工住房公积金的计算与提取工作，编制汇审1995年度会计决算报表和统计报表。会议由区店副总经理孙原主持，区店总经理张建国做了会议总结。宁夏新闻出版局副局长雷振云、印刷发行处处长周建到会并讲话。

1月9日 宁夏回族自治区新华书店为繁荣发展农村文化，满足农民日益增长的精神文化生活需要，推动农村精神文明建设，根据中宣部、农业部、文化部、广播电影电视部、新闻出版署、共青团中央、全国妇联、中国科协等八单位关于春节前后在全国农村集中开展文化下乡活动的决定及自治区党委宣传部等八部、厅通知精神，向各市、县新华书店发出了《关于组织开展全区"送书下乡"活动的通知》，要求各级书店高度重视，认真部署，切实把"送书下乡"活动抓紧抓好。

1月14—16日 宁夏回族自治区新华书店召开全区新华书店1996年秋季教材汇审会。会议对各店1996年秋季中小学教材订数进行了认真汇审，交流了教材发行的经验，同时对1996年春季中小学教材组织调剂。宁夏新闻出版局副局长雷振云到会并讲话，他要求各市、县新华书店继续认真做好教材发行工作，确保"课前到书，人手一册"。自治区新华书店总经理张建国在讲话中要求各店认真汇审订数，不断提高发行质量，为全区连续18年实现"课前到书，人手一册"画一个圆满的句号。副总经理孙原做了会议总结。

1月18日 宁夏回族自治区新华书店根据经理任期目标管理责任的要求，

对各市、县新华书店的领导班子成员，从德、能、勤、绩四个方面进行了考核，对隆德、泾源两县新华书店的法人代表予以更换，对已到退休年龄的石嘴山、吴忠两市新华书店法人代表进行调整，并正式聘任了18个市、县新华书店的经理、副经理。

1月22日 宁夏回族自治区新华书店根据新闻出版署的通知，并结合全区实际，以通知转发文件《关于对新华书店库存图书、期刊等采取分年核价、提取提成差价办法的通知》，具体规定如下：（1）将"商品削价准备"科目改为"书刊提成差价"科目；（2）书刊提成差价按月末库存书刊总定价的5%预提，年终按规定标准进行调整；（3）三年以前出版的图书提取标准原则上确定为50%。要求各店迅速与当地审计、税务等有关部门联系，积极协商，落实《通知》精神，认真贯彻执行。

2月1日 宁夏回族自治区新华书店向各市、县新华书店发出《宁夏回族自治区新华书店一九九六年工作计划》，要求各店组织全体职工认真学习、讨论，并结合各店的实际情况，制定全年工作计划及深化改革的实施意见。

2月5—7日 全区新华书店经理会议在银川召开。会议传达贯彻全国扫黄工作会议精神，讨论全区新华书店1996年工作计划、寄销书管理办法、宁版图书发行方案及一般图书发行考核标准，签订1996年经理任期目标管理责任书与宁版图书发行协议书。宁夏新闻出版局局长白瑜到会看望了与会同志，副局长雷振云、印刷发行处处长周建分别参加了开幕式和闭幕式。会议由自治区新华书店副总经理孙原主持。总经理张建国做了《抓住机遇，把握重点，强化纪律，改善服务，努力把加强一般图书发行工作落到实处》的报告。与会同志经过讨论，一致认为区店提出的1996年工作计划符合实际，抓住了重点，有决心在新的一年里打好"九五"开局的第一仗。各店同志还对会议讨论的几个文件提出了建议和修改意见。副局长雷振云在总结会议上传达了全国扫黄工作会议精神；他强调，各店经理一定要处理好政治和业务的关系、社会效益和经济效益的关系、改革和发展的关系、领导和群众的关系，要自觉地学习学习再学习、务实务实再务实。自治区新华书店王渊如向与会人员做了赴美考察汇报。

2月9日 宁夏回族自治区新华书店完成全区1996年秋季中小学教材的报订工作。报订宁印小学教材126种445.8万册，中学教材106种374.72万册。

2月12日 宁夏回族自治区新华书店转发了自治区财政厅、房改领导小组、中国人民银行宁夏分行于1995年7月23日颁发的《宁夏回族自治区贯彻建立住房公积金制度的暂行规定的实施细则》，决定各店补提1995年10月至12月住房公积金，1996年起逐月提取，并按规定代扣职工个人应交的部分。

3月5日 宁夏回族自治区新华书店根据国家教委办公厅《关于以1997年我国政府恢复对香港行使主权为题对中小学生深入进行爱国主义教育的通知》精神，印发《关于做好〈中国香港1997〉中小学生读本宣传征订工作的通知》，《通知》要求各店高度重视，主动与教育行政主管部门联系，积极向学校开展宣传征订。征订情况为：小学生读本13.55万册，初中生读本11.08万册，高中生读本2.75万册。

3月7日 宁夏回族自治区新华书店根据中央宣传部、新闻出版署关于音像制品发行工作的要求，为充分发挥国有新华书店主渠道作用，加强全区新华书店系统的音像制品发行工作，向宁夏新闻出版局呈送《关于成立"音像发行部"的报告》。音像发行部为正科级编制，主要职能：管理全区各市、县新华书店的音像制品发行业务；开展音像制品的批发和零售；逐步形成规模经营，对全区音像制品市场发挥主导作用。新闻出版局批复同意。

3月27日 宁夏回族自治区新华书店为加强职工队伍建设，规范职工业务培训工作，向宁夏新闻出版局呈送《关于变更科室名称的报告》，拟将人事教育科更名为人事劳动科，将调查研究科更名为职工教育科。更名后，职工教育培训工作统由教育科负责。新闻出版局批复同意。

4月8日 经宁夏回族自治区新华书店总经理办公会议研究决定，发出《关于区店各科、室、部、店职务任免的通知》。

4月12日 宁夏回族自治区新华书店为纪念新华书店建店60周年，根据新华书店总店的要求，报请宁夏新闻出版局同意，特成立"新华书店建店60周年庆祝活动筹备委员会"。白瑜、雷振云、高伟、王渊如为筹委会领导小组顾问，张建国任领导小组组长，孙原、王长生、霍永增、姜乐琪、胡银海、刽登榜任副组长。下设店庆办公室、活动经费委员会、店史编撰委员会、知识竞赛委员会。

4月20日 根据财政部《企业所得税若干政策问题的规定》，可以在财政税务机关核定的比例之内收取一定的行政管理费用于文教企业发展的精神，宁夏回族自治区新华书店向新闻出版局、财政厅呈送了《关于从销售中提取行政管理费的报告》，要求全区新华书店系统从1996年开始，按销售收入的1%提取行政管理费，用于网点建设、改造，其中70%由区店集中使用，30%由市、县书店发展县以下网点。新闻出版局和财政厅行政事业财务处分别做了批示："同意从销售净收入中提取行政管理费1%，用于企业图书网点的改造，不得挪作他用。"

4月20日 宁夏回族自治区新华书店审定宁夏新华书店简史——《塞上书苑分外香，六盘山下送书忙》。

4月22日 宁夏回族自治区新华书店发出《关于区店各部门人员调整定岗的通知》。

同日 宁夏回族自治区新华书店总经理室审定《宁夏新华书店1992—1995年大事记》。

4月25日 宁夏回族自治区新华书店向各市、县新华书店发出了《关于编撰店史若干问题的通知》，对店史编写的体裁、原则、内容、统计资料、应注意的问题及完成的时间等，均提出明确的意见和要求，推动了店史编写工作规范、有序地进行。

5月9日 宁夏回族自治区新华书店图书发行部与新华图书公司召开全区书店1997年度年货及图书订货会，会期2天，订货会共展出挂历103种，单张画及中堂200种，新版图书600种，共收订金89万元，其中年货74万元，图书15万元。与1996年度订货会相比，订货增长20%。

5月10日 新华书店建店60周年庆祝活动筹备委员会举行第一次会议。会议听取了筹委会领导小组组长、自治区新华书店总经理张建国传达的全国省级新华书店经理会议和全国新华书店经营协调委员会会议精神，一致同意新华书店总店和全国新华书店经营协调委员会关于"新华书店六十周年纪念总体方案"的安排，具体部署了全区有关店庆纪念活动的宣传报道、"我和新华书店"有奖征文、迎店庆创"三优"百日推销活动、业务知识技能比赛及员工捐资新建新华书店延安希望小学和修复清凉山新华书店旧址等事项。会议结合宁夏实际情况，以全区新华书店名义，通过自治区教委，向希望工程捐赠图书2万元；由店史编撰委员会负责，编辑出版全区新华书店简史；1997年4月中旬在银川召开店庆茶话会；统一制作"三优"百日推销活动服装。

5月28日 宁夏回族自治区新华书店为了建立适应社会主义市场经济的劳动制度，调整劳动关系，保护劳动者的合法权益，根据《中华人民共和国劳动法》和自治区政府有关劳动法规，总经理张建国与全体职工签订了劳动合同，并经银川市劳动部门签证。

5月30日 宁夏回族自治区新华书店总经理张建国参加了由新闻出版署教育培训中心举办的"第二期全国省级新华书店经理岗位培训班"，历时25天，接受岗位资格培训，并获得了岗位培训合格证书。

同月 宁夏回族自治区新华书店为改善储运条件，提高工作效率购进叉车1辆、液压推车2辆，并制作书台300个。

6月1日 "六一"期间，宁夏回族自治区新华书店组织图书发行部与宁夏新华图书公司人员在银川市区设摊供应少儿、文教类读物，3天销售6700余元，受到了广大儿童及家长的欢迎。

6月14日 宁夏回族自治区新华书店向各市、县新华书店发出《关于认真做好1997年春季教材预订工作的通知》。本季共预订教材370种，其中，小学230种，包括课本79种、教参56种、教图36种、教学磁带48种、寒假作业11种；中学107种，包括课本52种、教参31种、教图3种、教学磁带18种、寒假作业3种。《通知》要求各店认真做好收订、汇总、审核工作，严防漏校、漏班、漏品种及错格统计，确保"人手一册"。《通知》强调，要严格遵守教材发行纪律，严禁跨区供应；选用教材及辅导读物坚持自愿选定原则，不准搭配供应。

6月17日 宁夏回族自治区新华书店发出《关于认真开好全区新华书店岗

位练兵的通知》，要求各店立即行动起来，迅速开展业务学习和岗位练兵活动，使每个员工充分发挥自己的专业特长，为参赛做好准备。《通知》随发了《关于"全国新华书店知识技能比赛"出题事宜的说明》《关于开展"全国新华书店知识技能"比赛活动有关问题的通知》《"全国新华书店知识技能比赛"竞赛细则》3个文件。

6月19日　鉴于课本、教材发行业务具有季节性特点，为了均衡国家税款收入，减少所得税清退手续，宁夏回族自治区新华书店向银川市地税局一分局报送了《关于申请缓缴企业所得税报告》。经一分局审理，准予延期缴纳税款25万元，延期期限为1996年9月30日。

6月24日　宁夏回族自治区新华书店组织图书发行部与新华图书公司人员，携带200多种新书，深入银南、银北地区9个基层新华书店巡回征订，5天共批销图书4万余元。这种送书上门征订的方式受到各店普遍欢迎和称赞。

同月　宁夏回族自治区新华书店根据《中华人民共和国劳动法》和自治区政府有关劳动法规，各市、县书店经理相继与区店全体职工签订劳动合同书。据统计，截至1996年6月底，全区书店职工签订劳动合同书的共439人（不含银川市店、惠农县店），其中，固定工335人，原合同制工104人。劳动合同书均经所在地劳动部门签证，并得到劳动仲裁机关认可。

1997 年

4月24日 新华书店成立60周年纪念日,根据新华书店总店提出的店庆活动本着"隆重、周全、务实、节约"的原则精神,不再召开大型座谈会,各店可借用各种宣传媒介撰写宣传文章,大力宣传新华书店,让各界对新华书店有更多的了解,树立新华人的良好形象,提高新华人的敬业精神。

5月 宁夏回族自治区新华书店向宁夏新闻出版局提出申请,要求组建图书批销中心,同时撤销业务重叠的宁夏新华图书有限责任公司,得到了新闻出版局的认可。

1998 年

2 月 宁夏回族自治区新华书店根据新闻出版署《关于培育和规范图书市场的若干意见》的精神,从宁夏图书发行大局出发,为发挥辐射全区的图书集散功能,顺应改革发展的新形势,成立宁夏图书批销中心。

是年 吴忠市新华书店抓住吴忠撤地设市及宁夏回族自治区成立 40 周年的契机,为适应企业发展需要,增强市场竞争力,对利通街门市营业楼进行外部装修和内部整改,为企业今后发展打下了坚实基础。

是年 宁夏外文书店并入自治区新华书店。

1999年

3月14日 宁夏新闻出版局、宁夏人民出版社党组会议原则通过了《自治区新华书店和宁夏外文书店合并及经营机制改革方案》。根据《方案》所组建的业务机构，自治区新华书店总经理张建国全面负责新华书店企业管理和党总支工作，副总经理侯金枝分管教材、图书批销中心，副总经理苏保国分管职工教育、多种经营和信息中心，副总经理赵锐分管图书销售部和电子音像发行部，党总支副书记孙原分管党务工作、工会、共青团工作以及精神文明建设和综合治理工作。

8月 宁夏回族自治区新华书店为庆祝宁夏新华书店成立50周年、宁夏外文书店成立20周年，举办了"新华书店在我心中"的演讲比赛和"图书展销"活动以及店庆表彰活动。

12月 宁夏回族自治区党委、政府启动了从根本上解决红寺堡脱贫致富的重点工程。为使该地文化和精神文明建设与基础建设同步配套发展，自治区新华书店特向新闻出版局申请组建红寺堡新华书店。

是年 全国新华书店系统为拓宽经营渠道，开辟新的经济增长点，相继成立了新华旅行社，同时成立了全国新华旅游协作网。为将宁夏旅游市场推向全国、发展宁夏新华书店第三产业，自治区新华书店特向自治区旅游局申请成立宁夏新华旅行社。

2000 年

4月 宁夏回族自治区新华书店重新修订了《宁夏回族自治区新华书店各科室（部）工作职能》，共设置科（部）11个，分别为总经理办公室、人事劳动科、计划财务科、职工教育科、行政科、图书批销中心、教材发行部、宁夏教育书店、电子音像发行部、储运部、图书销售部，详细规定了各科（部）门的职能与职责。

5月9日 经银川市文化局批复，同意银川市新华书店改制为有限责任公司。

8月16日 中宣部部长丁关根，中宣部副部长刘云山，宁夏回族自治区主席马启智，国家广播电影电视总局党组副书记、副局长吉炳轩，自治区党委常委、宣传部部长王正伟视察了银川市新华书店西街书店。

2001年

1月1日　宁夏回族自治区新华书店图书批销中心所有图书实行微机管理。

同日　宁夏回族自治区新华书店《全区新华书店职工离岗退养管理办法》开始实施。

8月12—16日　全国省级新华书店教材工作会议在银川隆重召开。到会代表80名，是历届教材工作会议到会代表最全的一次。

8月19—23日　第六届新华书店行政文秘工作研讨会在银川召开，共有21个单位的52名代表参加。

10月　宁夏回族自治区新华书店向全区各新华书店征求《宁夏新华书店外文书店改制方案》修改意见。

2002 年

9月20日 银川市新华书店西街书店重装开业,更名为"银川书城"。宁夏新闻出版局局长朱昌平、银川市委副书记刘小河等领导为重装开业剪彩。改造扩建后经营面积由1200平方米扩大到3000平方米,图书及音像陈列品种增加到7万多种,成为全区最大的图书超市。

11月 因宁夏回族自治区新华书店现有图书库房面积过小,影响制约一般图书的发展与教材仓储、发运工作,决定在德胜工业园区征购土地40亩,用于建设物流配送中心。

12月 红寺堡开发区新华书店成立,设为宁夏回族自治区新华书店分公司。公司主营图书、教材、音像制品和电子出版物等,是红寺堡开发区唯一的一家"二级图书批发单位"。

同月 王嘉鹏、杨竞、张若冰、万伯翱等作家应邀在银川市新华书店签售。

是年 固原撤地设市,固原县新华书店更名为固原市新华书店。

2003 年

1月 在银川书城举行《宁夏赋》首发式。《宁夏赋》作者、宁夏回族自治区党委常委、宣传部部长李东东参加了签售活动。

3月 宁夏回族自治区新华书店向银川德胜工业园区管委会递交建设图书物流配送中心及图书库房的立项申请。

7月22日 新闻出版总署副署长于永湛、宁夏回族自治区副主席郑小明带领调研组对自治区新华书店进行调研,听取了自治区新华书店总经理张建国的工作汇报,并做了指示。调研组一行还视察了区店批销中心和银川书城。

8月 银川市新市区纬四路新华书店歇业,搬迁至西夏区怀远路新购置网点,更名为怀远路门市,怀远路门市正式营业。

是年 吴忠市新华书店投资320万元在利通区新区明珠路新建综合楼1栋,建筑面积2011平方米,课本库房1座,面积420平方米。

2004 年

4月13日 宁夏回族自治区新华书店经2004年度经理会议讨论,通过了《关于建立宁夏新华书店中高级管理人员后备队伍的实施意见》。

5月 宁夏回族自治区新华书店提出《新华书店如何推进连锁经营课题研究报告》,《报告》指出,连锁经营统一配送是当前图书市场新形势下流通企业发展的方向和必然选择。

7月8日 宁夏回族自治区新华书店银川市光华门市部开业。

7月12日 宁夏回族自治区新华书店为进一步扩大全区图书和电子音像制品销售,方便基层书店提货,经自治区新华书店总经理室研究决定,在德胜工业园区设立自治区新华书店图书音像批销中心。批销中心属自治区新华书店分支机构。德胜工业园区所购40亩地划拨给批销中心使用。

8月3日 银川市新华书店成立了音像书店,分别在鼓楼书店、西街书店以"店中店"的形式设立卖场,实行独立核算。聘任王小立为经理。

10月15日 宁夏回族自治区新华书店召开挂职干部集体谈话会,参加会议的有各市、县(区)新华书店经理及自治区新华书店中层以上的领导,这标志着全区新华书店管理人员后备队伍建设进入实施阶段。

11月 郭敬明应邀于银川书城签售。

12月18日 宁夏回族自治区新华书店总经理室根据中国新华书店协会《关于加快成立省新华书店协会的通知》和自治区民政厅《关于同意筹备宁夏新华书店协会的复函》精神,召开了宁夏新华书店协会成立大会。

同日 宁夏回族自治区新华书店图书音像批销中心正式开业。该批销中心总投资1300万元,占地26400平方米。中心所属图书音像批销场地5000平方米,经销全国 200 余家知名出版社、120 余家音像公司的 1.2 万余种图书和 6000 多个品种的音像制品及电子出版物。中心实行先进的全程微机管理，是面向全区及周边地区开办的图书音像制品集散流通基地，是全区目前规模最大的图书音像批销中心。

是年 由于行政区划的调整，宁夏回族自治区新华书店决定撤销原石嘴山区新华书店和原惠农县新华书店，合并成立石嘴山市惠农区新华书店。

是年 西北五市新华书店协作会议在银川召开，银川市新华书店承办本次会议。

2005 年

2 月 宁夏回族自治区新华书店向宁夏新闻出版局提交了《关于新华书店改制进展情况汇报和组建发行集团的意见》。

3 月 31 日 由宁夏新闻出版局局长朱昌平带队，自治区党委宣传部新闻出版处、新闻出版局印刷发行处、自治区新华书店、灵武市新华书店、固原市新华书店等单位组成的考察小组，对四川、广东、浙江、江苏四省组建发行集团的性质、结构、管理体制、隶属关系、单位级别、干部任免、员工身份等情况进行考察了解，为组建宁夏发行集团做准备。

4 月 27 日 经银川市人民政府常务会议研究决定，授权银川市人民政府国有资产监督管理委员会，对银川市文广局管理的银川市新华书店履行出资人职责。银川市新华书店移交银川市国资委管理。

7 月 1 日 《宁夏回族自治区新华书店图书音像批销中心物流配送管理办法》开始实施。

7 月 19 日 宁夏新闻出版局在自治区财政厅等有关部门的支持下，利用所得税返还资金为全区 18 个基层新华书店购买了客货两用车，用于送书到基层。

7 月 20 日 银川市新华书店鼓楼分店重装开业。宁夏新闻出版局、银川市文化局有关领导为开业剪彩。扩建后，卖场面积增加 1000 平方米，总面积为 2560 平方米，陈列图书品种由原来的 4 万多种增加到 7 万多种。

7 月 25 日 召开西北五省（区）新华书店发展研讨会。会议交流各省图书发行体制改革；面对教材政策变化，新华书店如何未雨绸缪，进行战略性调整；面对图书多元化市场格局，新华书店如何发展壮大自己；交流各省连锁经营及物流配送情况。

8月8日 宁夏外文书店吴忠分店隆重开业。

10月28日 全区新华书店挂职干部计算机操作测试和综合知识考试工作结束。至此，全区新华书店首批挂职干部考核工作圆满结束。

同月 《宁夏历史文化名人》在银川书城举行首发式，宁夏回族自治区党委常委、宣传部部长李东东参加了售书活动。

11月18日 宁夏回族自治区新华书店贯彻ISO9001：2000质量管理体系认证工作启动。

2006年

1月18日 宁夏回族自治区新华书店课本发行管理信息系统工程启动。随着2006年春季教材发行工作的成功试运行，从2006年秋季开始，全区教材发行工作全面实现网上统一报订、统计、汇总。

2月21日 银川市新华书店新城书店更名为银川市新华书店图书批销中心，为独立核算单位。聘任刘丽智为经理。

同月 宁夏回族自治区新华书店开办关于新华书店第一届教材连锁发行系统培训班。全区教材管理信息系统的安装使用，对提高发行质量和工作效率起到了积极的推动作用。

4月10日 经宁夏新闻出版局党组会议研究决定，李海舟同志任自治区新华书店党总支书记、总经理。

4月18日 宁夏回族自治区新华书店内部机构设置调整工作完成，此次调整精简了部门，明确了分工，为新华书店的高效管理奠定了组织基础。

4月28日 宁夏回族自治区新华书店中层领导干部竞聘大会在银川举行，一批年轻干部被选拔到了领导岗位，新华书店干部专业化、知识化、年轻化水平有了极大提高。

同月 宁夏外文书店与宁夏教育书店合并成立宁夏外文（教育）书店，为自治区新华书店下属独立核算单位。

5月 盐池县新华书店每年与县教育局联合举办一期"新华成长杯"小学生知识竞赛活动，活跃了校园文化生活，密切了店校关系，扩大了书店影响，为教材发行工作的顺利开展注入了积极因素。

6月1日 由宁夏回族自治区新华书店控股的宁夏新海利视盘有限公司董事

会成员变更。

6月6日 宁夏回族自治区新华书店开展治理商业贿赂专项工作领导小组成立。

6月12日 宁夏回族自治区新华书店各部门工作人员调整定岗工作结束，促进了自治区新华书店职工的岗位适配性，提高了工作效率。

6月23日 宁夏回族自治区新华书店贯彻ISO9001：2000质量管理体系工作告一段落，并顺利通过了专业认证公司的管理评审，取得了质量管理体系证书。

7月18日 《宁夏新华书店职工录用管理暂行办法》下发实施，从源头上保证了录用职工的素质。

8月 全国省会城市、计划单列城市新华书店第二十一届年会在银川举行。各大城市新华书店领导云集银川，相互交流经验，共同研讨改革发展问题。银川市新华书店承办本次年会。

9月13日 由全国青少年爱国主义读书教育活动组织委员会举办的第十三届读书活动新华书店系统表彰会在银川举行，参会代表来自全国17个省、市、自治区约450家新华书店。

同日 宁夏回族自治区新华书店第一期计算机（教材发行）培训班在银川开班。

10月27日 宁夏书报刊发行业协会第四届会员代表大会在银川召开，大会按照协会章程和程序选举产生了第四届理事会和常务理事会。

同月 余秋雨、汪中求、易中天应邀在银川市新华书店签售。

是年 中宁县新华书店全体职工认真贯彻十六大和十六届五中全会精神，坚持科学发展观，为构建和谐社会，从抓管理入手，狠抓各项工作，取得了较好的成绩。被中卫市政府评为"市级文明单位"。

是年 《江泽民文选》在银川书城举行首发式。宁夏回族自治区党委常委、宣传部部长李东东参加售书活动。

2007 年

1月7日 宁夏回族自治区新华书店根据宁夏新闻出版局《关于李海舟同志职务任免的通知》的精神，决定由李海舟同志任自治区新华书店图书音像批销中心负责人，免去侯金枝同志自治区新华书店图书音像批销中心负责人职务。

1月7—14日 2006年全区新华书店财务决算会议在银川召开，全区新华书店共计26名会计人员参加了会议，自治区新华书店总经理李海舟莅会并讲话。

1月10日 宁夏回族自治区新华书店印发《宁夏新华书店调增职工基本工资方案》。

1月15日 宁夏回族自治区新华书店为加强对年终奖金发放的管理，充分调动职工的积极性，印发《宁夏新华书店奖金发放的暂行办法》。

1月23日 全区新华书店经理工作会议在银川市瀛海花园酒店召开。会议认真总结2006年度工作，安排部署2007年度全区各项工作，积极推进全区新华书店下一步的改革工作。

同日 宁夏回族自治区新华书店印发《关于教学配套用书的征订发行暂行规定》《全区新华书店财务管理暂行办法》。

同日 宁夏回族自治区新华书店网站（www.nxxinhua.com）在总经理室的关心和支持下正式开通。

1月31日 宁夏回族自治区新华书店转发《宁夏回族自治区纪委、监察厅、国资委关于严禁党政机关、事业单位、国有企业负责人利用国有资金或资产以自己或亲友名义违规违法投资入股和设立私营企业的规定》的通知。

同月 银川市国资委聘任刘桂霞为银川市新华书店财务总监。

2月5日 宁夏回族自治区新华书店在银川召开了全区业务员（库管员）

短期培训班会议。会上，副总经理何学军对教材发行方面的工作做了指导。

同日 宁夏回族自治区新华书店转发《宁夏回族自治区财政厅关于〈转发财政部、国家税务总局关于宣传文化增值税和营业税优惠的通知〉的通知》。

2月8日 灵武市新华书店积极响应当地政府关于以"建设社会主义新农村，全面构建和谐社会"为主题的文化、科技、卫生、法律"四下乡"启动仪式及相关活动的号召，在经理西瀚华的带领下，为广大农民群众送去了丰富的精神食粮。

2月9日 在新春佳节到来之际，宁夏回族自治区新华书店为活跃节日气氛，丰富职工文化生活，决定在宁夏电信公司总部体育馆举办全店职工文体娱乐活动。

同月 宁夏回族自治区新华书店根据自治区纪检委、党委组织部、宣传部、区直机关工委的联合部署，组织全区新华书店党员干部观看党内教育参考片《居安思危——苏共亡党的历史教训》。

3月1日 宁夏回族自治区新华书店为规范泾源县新华书店的管理，决定撤销泾源县新华书店独立法人资格，作为固原市新华书店泾源门市部，实行二级核算。

3月2日 宁夏回族自治区新华书店根据宁夏新闻出版局《关于同意撤销泾源县新华书店的批复》，对周涛同志职务进行调整：任命周涛同志为固原市新华书店副经理（正科级），免去其泾源县新华书店经理职务。

3月16日 青铜峡市新华书店为加强与驻地部队的"军民共建"，积极与驻青某部队联系，经多次协商，双方签订协议，由部队提供场地，书店提供基础设施，共建图书室，方便广大官兵借阅、购买图书，五年内部队购书不低于25万元。为此，青铜峡市新华书店全力以赴，本着勤俭、务实、办好的方针，利用书店多余的旧书架、旧电脑，花费1200元购买了图书租赁软件，并陆续给部队配书5.6万元，为部队建成了由计算机管理的图书室。

3月27日 银川市新华书店任命顾宏伟同志为教育书店经理，田燕同志为鼓楼书店经理，杨淑红同志为鼓楼书店副经理，黄海英同志为银川市新华书店业务科科长，孟宪辉同志为市店业务科副科长，陈亮同志为市店储运科科长，马溱同志为市店财务科副科长，王永凤同志为市店图书批发中心副经理。

4月9日　宁夏回族自治区新华书店党总支为贯彻胡锦涛同志在中纪委第七次全会上的重要讲话精神，切实加强领导干部作风建设，召开以加强领导干部作风建设为主题的民主生活会。

4月10日　宁夏回族自治区新华书店根据《关于上报推选后备中级管理人员的通知》精神，从全区各店上报的42位候选人员中选拔出15位同志进入考察程序，根据考察情况，确定刘莉等11位同志为见习副经理，到各基层书店挂职锻炼。

4月13—14日　宁夏回族自治区新华书店为进一步继承和发扬新华书店的光荣传统，弘扬新华精神，增强企业活力和凝聚力，举办新华书店70周年店庆活动。活动包括店庆征文、全区职工运动会、图书知识技能竞赛等多项庆祝活动。

5月9日　宁夏回族自治区新华书店根据宁夏新闻出版局《关于王军等同志职务任免的通知》精神，印发了《关于调整宁夏回族自治区新华书店总经理室成员分工的通知》。

5月12日　宁夏回族自治区新华书店为了认真贯彻落实中央、自治区和新闻出版总署关于开展治理商业贿赂专项工作的一系列方针政策，进一步加强宁夏图书发行行业党风廉政建设和反腐败工作，按照《宁夏新闻出版局开展不正当交易行为自查自纠工作检查评估实施细则》的要求，成立自治区新华书店开展治理商业贿赂自查自纠工作领导小组。

5月12—26日　宁夏回族自治区新华书店为探索全区新华书店连锁经营和零售卖场的发展方向，学习借鉴外省区成功经验。由自治区新华书店党总支书记、总经理李海舟，常务副总经理王军，图书音像公司、信息策划部以及吴忠市、石嘴山市和固原市店经理一行7人组成的考察组，对深圳、江西和吉林三省市新华书店（集团）书城零售卖场的经营模式、经营理念、管理经验以及连锁经营的流程、信息平台的建立、运行机制和连锁方式等进行了实地考察调研，并与三省市新华同仁进行了座谈交流和探讨。此次考察，为自治区新华书店连锁经营和信息平台的建立以及零售卖场的挖潜改造提供了良好的经验。

5月28日 由盐池县新华书店主办、盐池县教育局协办的第二届"新华成长杯"小学语文、数学知识达标竞赛活动圆满结束。自治区新华书店党总支副书记蔡新云、监察室主任王海金及盐池县教育局局长等领导对此次活动表示祝贺，并为荣获一、二、三等奖的学生及团体冠军颁奖。"新华成长杯"竞赛活动的成功举办，密切了书店与教育部门及基层各学校之间的关系，为书店经营与发展注入了积极因素。

同月 彭阳县新华书店党支部自发倡议开展向受旱灾的彭阳县群众、师生献爱心活动，党员干部带头捐款。通过职工捐款和县店自筹，购买饮用水45吨、糜子种子500多千克，捐赠给受灾师生及农民，得到了群众及广大师生的好评和感谢。彭阳县新华书店获赠"抗旱救灾，情系农民"锦旗。

6月1日 中卫市新华书店中心门市开始试营业。门市营业面积近200平方米，经营国内公开发行的各类图书5000余种，是中卫市最大的综合性国有书店。

6月4日 宁夏回族自治区新华书店转发《不正当交易行为自查自纠工作检查评估实施细则》的通知。

6月6日 宁夏回族自治区新华书店转发《关于在全区党员干部中开展加强作风建设、促进廉洁从政主题教育活动的通知》的通知。

6月15日 宁夏回族自治区新华书店根据2006年《关于开展自治区新华书店中层领导干部竞聘上岗工作的通知》精神，14位中层干部经过竞聘走上领导岗位，工作满一年，试用期已过。自治区新华书店特印发《关于对区新华书店中层领导干部进行述职考评的通知》。

7月5日 银川市兴庆区国税分局领导一行5人，代表自治区国税局、地税局向自治区新华书店颁授了"2005—2006年度A级纳税信用"牌匾和"信用等级证书"，并与自治区新华书店经理室成员及财务人员进行了税企座谈。

7月6日 宁夏回族自治区新华书店转发《宁夏新闻出版局纪检组贯彻落实〈中共中央关于严格禁止利用职务上的便利谋取不正当利益的若干规定〉通

知实施意见》。

7月12日 宁夏回族自治区新华书店党总支书记、总经理李海舟带领纪检监察室、财务部负责人前往固原市新华书店就原泾源县新华书店所有的财产商品进行了正式移交，纪检监察室主任王海金、财务部主任李晓琍对两店合并财产、货币、商品进行了监交。

7月21日 2007年第三届全国大学出版社营销论坛在银川隆重开幕。宁夏新闻出版局副局长黄洪乾、宁夏大学副校长王燕昌、宁夏回族自治区新华书店总经理李海舟、全国大学出版协会的领导和各大学出版社的120余名代表出席会议。自治区新华书店总经理李海舟受会议委托，向与会代表做了《沟通合作、互利共赢开创宁夏图书发行的美好明天》的报告，并就宁夏的图书发行市场及存在的问题与代表进行了交流。

7月25日 宁夏回族自治区新华书店为了节约费用，有效减轻企业负担，根据宁夏新闻出版局《关于自治区新华书店车辆改革实施方案的批复》精神，决定从2007年8月1日起对自治区新华书店车辆进行改革，特印发《宁夏回族自治区新华书店车辆改革方案》。

8月8日 宁夏回族自治区新华书店根据车改方案的有关内容，对目前区店执行的工作人员区内差旅费标准进行调整，特印发《关于调整区书店区内差旅费补贴标准的通知》。

8月27日 银川市国资委聘任沙青为银川市新华书店副总经理。

9月7日 在第23个教师节到来之际，固原市新华书店筹措了部分资金，对原州区城镇48所学校教师进行了慰问，表达了固原市新华书店对教师的敬意，得到了广大教师的好评，同时也密切了新华书店同当地各学校的关系。

9月11日 宁夏回族自治区新华书店根据宁夏新闻出版局《关于贺兰、永宁两县新华书店并入自治区新华书店的批复》，上收贺兰、永宁两县新华书店，取消两店的法人资质，将两店的人员、财务、业务全部并入自治区新华书店，成为自治区新华书店贺兰、永宁分店。

9月13—15日 宁夏回族自治区新华书店组织全店职工在西夏区某拓展训

练营进行拓展训练。有断桥、渡河、木屐行走、空中钢索、毕业墙等拓展项目，新颖多样的形式激发了职工积极参与的热情。由于组织有序、保障有力，活动达到了预期目的。

9月18日 成立宁夏回族自治区新华书店清收工作小组，何学军为组长，李晓琍为副组长，王海金、孙晨虎、麦军为组员。工作小组负责监督、协调上收贺兰、永宁县新华书店过程中出现的具体问题。

同日 宁夏回族自治区新华书店为积极配合自治区党委、政府倡导的"民族团结月"活动的深入开展，转发《关于"民族团结月"开展送书下乡活动的通知》。

10月12日 宁夏回族自治区新华书店为了进一步加强全区新华书店资金管理，规范各级新华书店资金使用，确保全区新华书店在经济转型时期货币资金使用安全，印发《宁夏回族自治区新华书店资金管理办法》。

10月16日 全区经理专题研讨会在银川市沙湖宾馆召开。自治区新华书店党总支成员及各部门负责人，各市、县（区）新华书店负责人及挂职副经理共计60多人参加了会议。会议由自治区新华书店常务副总经理王军主持。会议就清理中小学教材欠款、加强全区系统资金管理以及一般图书发行连锁经营等事项进行了讨论研究。宁夏新闻出版局副局长黄洪乾代表局党组讲话；自治区新华书店总经理李海舟做了《加强管理、互利共赢、全面推进全区新华书店的良性发展》的专题报告；常务副总经理王军就全区职业教材的发行工作做了部署，安排了全区新华书店中小学教材欠款的下一步工作，并就一般图书连锁经营的情况向会议做了通报。

10月17—18日 宁夏回族自治区新华书店为保证教材发行系统的有效运行，按时、顺利完成教材发行工作，在银川市怡江花园酒店举办了宁夏新华书店第二期教材发行系统培训班。

10月23日 深圳巴颜喀拉出版在线有限公司工程师进驻宁夏回族自治区新华书店，标志着自治区新华书店一般图书连锁经营管理建设工作正式进入系统实施阶段。

11月1日 宁夏回族自治区新华书店转发《关于深入学习贯彻党的十七大精神的实施意见》的通知。

12月14日 由宁夏回族自治区新华书店捐赠的第一家农家书屋彭阳县新集镇张湾村书屋建设成功。

12月30日 固原市新华书店举办了"庆元旦，迎新年"联谊会。固原市文体局、原州区教育局等单位的领导及固原市新华书店离退休老职工参加了联谊会。与会领导对固原市店2007年度的工作给予充分肯定，并对固原市店配合支持文化事业及教育事业给予高度赞扬，并表示今后将积极支持固原市店的各项工作。

2008 年

1月3日 宁夏回族自治区新华书店为深入贯彻学习党的十七大精神，认真落实党风廉政建设责任制，转发自治区纪委派驻新闻出版局纪检组《关于2008年元旦春节期间严格遵守廉洁自律规定反对奢侈浪费的通知》。

同日 宁夏回族自治区新华书店根据自治区新闻出版局《关于调整全区新华书店职工基本工资的批复》精神，印发《宁夏新华书店调增职工基本工资方案》。

1月7日 全区新华书店系统财务决算会议在银川盛世花园宾馆召开。会期为6天。自治区新华书店总经理李海舟对2008年财务工作提出了新的要求。

1月10日 宁夏回族自治区新华书店为加强全区新华书店的统一管理，严肃劳动纪律，根据《劳动法》和新《劳动合同法》的有关规定，结合全区新华书店工作的实际，对原考勤制度进行了修订完善，形成新的《职工考勤管理规定》。

1月12日 宁夏回族自治区新华书店对全区16家基层书店的年终财务决算报表通过审核，新华书店系统财务决算会审圆满完成。

1月15日 青铜峡市文化科技卫生"三下乡"活动启动仪式在陈袁滩镇举行。在启动仪式上，青铜峡市新华书店为青铜峡镇文化站捐赠图书500册，码洋4000余元。根据陈袁滩镇养殖业发达的特点，为农民带去了科学养牛、养羊等科技书，受到了农民的欢迎。

1月28日 宁夏回族自治区新华书店为进一步加强工作，理顺业务职能关系，切实提高工作效率，决定撤销信息策划部。原信息策划部主任纳永任人力资源部主任，信息策划部职员孙永江、王芊调至办公室，负责全区新华书店系统信息网络系统的建设与维护。

1月29日 宁夏回族自治区新华书店2008年春节离退休内退职工团拜会在银川市世纪大厦举行。自治区新华书店总经理室全体成员及中层以上管理人员参加了团拜会。

1月31日 青铜峡市新华书店在位于平吉堡某部队摆摊售书,受到了部队广大官兵的热情欢迎。

同月 银川市委、政府聘任沙青为银川市新华书店总经理,任命周毅卿为银川市新华书店党委书记。

2月1日 宁夏回族自治区新华书店总经理李海舟及总经理室的其他成员分组,冒着大雪和严寒登门慰问区店离休老干部和部分家庭困难退休职工,为他们送去了春节慰问金和新春的良好祝福。

2月21日 以宁夏回族自治区党委常委、政协主席项宗西为组长,自治区党委常委、宣传部部长杨春光为副组长的党风廉政检查组到自治区新闻出版局和自治区新华书店检查党风廉政建设和效能建设。检查组对自治区新华书店党风廉政工作和资料档案管理给予了高度评价。

2月26日 银川市新华书店经店务会研究,制定了《银川市新华书店职工带薪年休假制度》。

3月14日 宁夏回族自治区新华书店成立图书连锁经营工作领导小组,李海舟为组长,何学军为副组长,周学林、张智祥、李晓琍、纳永为组员。

3月17日 全区新华书店经理工作会议在银川召开。自治区新华书店总经理室成员,各部门负责人及全区各市、县(区)新华书店的经理、副经理参加了会议。自治区新闻出版局副局长黄洪乾出席大会。会议由自治区新华书店党总支副书记蔡新云主持。

同日 宁夏回族自治区新华书店印发《宁夏回族自治区新华书店财务预算编制办法》。

3月24日 宁夏回族自治区新华书店印发《关于印发2007年自治区新华书店工作总结和2008年工作计划的通知》。

4月3日 宁夏回族自治区新华书店第二届职工代表大会第一次会议隆重召开。全体职工民主推选出的第二届职代会正式代表26名出席了会议，自治区新华书店副科级以上干部列席会议。会议由工会主席胡银海主持。

同日 宁夏回族自治区新华书店《集体劳动合同》经自治区新华书店第二届职工代表大会第一次会议审议通过并正式签订。

4月10日 宁夏回族自治区新华书店ISO9001：2000质量管理体系运行情况，经北京中教英才教育认证中心专家组一天半的现场监督审核，认为质量管理体系运行情况良好，有效性持续保持。

4月15—17日 全区新华书店一般图书连锁经营工作启动。

4月17—19日 由宁夏回族自治区新华书店总经理李海舟、党总支副书记蔡新云分别为组长的两个考核组对各基层店挂职锻炼满一年的见习副经理进行了考核。考核组通过听取见习副经理述职报告、职工民主测评、找职工谈话等形式，对见习副经理一年来的工作学习情况进行了深入了解。此次考核的见习副经理，是在2005年10月第一批干部培养的成功经验基础上，依据《自治区新华书店关于建立中高级管理人员后备队伍的实施意见》规定，自下而上选拔的，并被有计划地安排在各基层书店交叉见习，担任主管一般图书发行的副经理。通过一年的锻炼，他们在工作能力、管理水平等方面有了较大提高，为宁夏新华书店管理人员的选拔使用提供了更多经验和人力资源储备。

4月23日 世界读书日期间，贺兰新华书店在银川市光明广场开展优惠售书活动。全体员工热情周到的服务，和谐融洽的气氛，激发了读者强烈的购买欲望。

4月26日 宁夏回族自治区新华书店积极参与宁夏知识产权宣传日的活动，仅23日、26日两天销售图书3600多元。

5月9日 为丰富职工文体生活，促进企业文化建设，增强员工的集体主义观念和团队精神，宁夏回族自治区新华书店工会组织全体职工进行登山活动。

5月19日 宁夏回族自治区新华书店根据《中华人民共和国劳动法》《中华人民共和国劳动争议调解仲裁法》等有关法律法规，经自治区新华书店工会委员会提议，总经理室批准，自治区新华书店劳动争议调解委员会正式成立。这标志着企业管理向正规化、制度化、规范化又迈出了可喜的一步。

5月21日 在宁夏回族自治区新华书店范围内积极开展"每个会员捐赠一元钱"活动，号召工会会员再次伸出援助之手，帮助汶川地震灾区群众渡过难关，奉献爱心，重建家园。短短的2个小时，共募集捐款5352元。

6月19—22日 宁夏回族自治区新华书店为使书店财务人员了解新旧准则的变化，尽快掌握新准则体系的内容、要点和精髓，结合书店实际，更好地做好新旧制度的衔接和新准则体系的贯彻工作，在宁夏友联会计咨询有限公司ERP体验中心举办自治区新华书店财务人员新会计准则培训班。

6月23—25日 宁夏回族自治区新华书店党总支书记、总经理李海舟应邀参加在山西太原举行的首届新华书店发展论坛。论坛以"探索·创新·发展"为主题，以国有发行业的整合重组、股份制改造、跨区域经营和上市融资，立足主业、多元经营、国有与民营合作发展等内容为议题，邀请了新闻出版总署、中国书刊发行业协会的领导和发行领域的专家、管理高层进行主题演讲，共同探讨新形势下新华书店的发展思路和发展战略。

6月27日 宁夏回族自治区新华书店党总支在庆祝中国共产党建党87周年之际，组织全体党员到自治区"一号工程"——宁东能源化工基地参观学习，接受宁夏践行科学发展观，实现跨越式发展的典范工程教育。

7月9—10日 全国新闻出版新华旅游协作网第五届一次会议在广西北海召开。参加此次会议的代表来自全国各地新闻出版界、新华书店集团和旅游界，共60人，就如何做大做强新华旅游业等议项进行了研讨交流。

7月21—24日 宁夏回族自治区新华书店为了提高书店门市营业员的销售技能及服务意识，提升新华书店对外形象，保持新华书店在竞争日趋激烈的图书市场中的发展优势，根据2008年的培训计划，在宁夏大学南校区召开全区新华书店营业员培训会。

7月24日 宁夏回族自治区新华书店图书音像批销中心召开了上半年工作总结会。会议总结了图书音像批销中心工作和连锁经营实施情况，肯定取得的成绩，指出工作中存在的问题和不足，提出整改意见和措施，并对下半年工作进行了安排和部署。自治区新华书店总经理李海舟、副总经理何学军参加会议并讲话。

8月 宁夏回族自治区新华书店成立人力资源开发与管理工作领导小组，对全店的管理制度进行修订、补充和完善。

同月 宁夏回族自治区新华书店根据自治区文化体制改革整体要求，宁夏人民出版社转企原则，自治区新华书店系统划转合并、组建到黄河出版传媒集团有限公司。改制后的黄河出版传媒集团有限公司是以图书、期刊、音像、数字、影视、互联网等出版物的策划、编辑、制作、印制、复制、出版、发行、传媒为主业，兼营出版物资供应、职业人才培训、广告设计制作、网络数字传媒，并向其他产业延伸的现代综合性文化产业集团。

9月24日 宁夏回族自治区新华书店为了贯彻落实自治区行政事业有关差旅费和会议费管理规定，适应市场的发展变化，参照财政厅《关于转发〈中央国家机关、事业单位工作人员差旅费管理办法〉的通知》的标准，结合自治区新华书店实际，本着科学管理、合理节约的原则，重新修订了《宁夏新华书店差旅费管理规定》。

10月28日 宁夏回族自治区党委第一巡视组在自治区纪委副书记郁纪鸣组长的带领下，对自治区新华书店、宁夏外文（教育）书店和新海利视盘有限公司进行了视察。

10月30日—11月1日 宁夏回族自治区新华书店与人民教育出版社分别在宁夏中卫市和银川市联合召开宁夏人教版高中新课标教材、教辅推介会。此次会议是店社两家的首次市场化运作。

11月5日 宁夏回族自治区新华书店印发《宁夏新华书店图书外销岗位管理办法》。

11月14日 宁夏回族自治区新华书店系统各参赛代表队和参赛队员在全区首届图书知识技能竞赛中取得了优异的成绩，为自治区新华书店争得了荣誉，对获奖的单位和个人予以通报表彰。

11月27日 宁夏回族自治区新华书店转发《关于举办全区第七期图书发

行员技能培训鉴定班的通知》。

12月5日　宁夏回族自治区新华书店印发《关于废止2001年全区新华书店职工离岗退养管理办法》的通知。

12月24日　宁夏回族自治区新闻出版局党组书记、局长朱昌平与党组副书记、副局长海军在自治区新华书店总经理李海舟及总经理室成员的陪同下，来到宁夏外文（教育）书店教学音像复制发行部视察指导工作。

12月31日　宁夏回族自治区新华书店印发《关于认真做好2008年区新华书店先进集体及先进工作者评选工作的通知》。

2009 年

1月4日　宁夏回族自治区新华书店召开全区新华书店2008年会计报表及国有资产统计报表决算工作会议。

1月12日　宁夏回族自治区新华书店印发《关于征求2009年度职工培训意见和建议的通知》。

同日　宁夏回族自治区新华书店总经理李海舟、副总经理何学军参加了在吴忠市金积镇文化广场举行的宁夏回族自治区2009年冬春之际的"三下乡"活动的启动仪式。

1月14日　撤销银川市新华书店音像书店，成立图书营销部，采用非独立核算形式。

1月20日　银川市新华书店党委聘任王小立同志为银川市新华书店图书营销部经理，聘任姚爱琴同志为银川市新华书店图书营销部副经理。

1月23日　宁夏回族自治区新华书店根据领导干部任职试用期的有关规定，经2009年2月25日区店总经理办公会议研究同意，郏占宁同志任惠农区新华书店副经理（主持工作），任职时间从2008年1月23日起计算。

2月20日　银川市新华书店召开第五届第八次职工代表大会，通过了《银川市新华书店管理制度汇编》，共7篇66节（新增制度32节），自2009年3月1日起执行。

3月5日　宁夏回族自治区新华书店印发《〈连锁经营实施手册〉的通知》。

同日　宁夏回族自治区新华书店印发《关于做好〈实践科学发展观高端读物〉系列图书征订发行工作的通知》。

3月6日　宁夏回族自治区新华书店印发《关于认真做好循环教材发行工

作通知》。

同日 宁夏回族自治区新华书店印发《关于下达2009年教材配套图书销售任务及对2008年销售奖励的通知》。

3月10日 宁夏回族自治区新华书店为了认真总结2008年度工作中的经验、肯定成绩、查找不足，积极推进全区新华书店下一步的改革工作，尽快实现全区图书发行业的大发展、大繁荣，在银川市沙湖宾馆召开全区新华书店经理工作会议。

3月13日 李晓岩任宁夏外文（教育）书店副经理。

3月23日—4月20日 宁夏回族自治区新华书店为加强全区新华书店人才队伍建设，培养造就一支懂经营、会管理、熟悉图书发行行业专业知识的年轻后备管理队伍，促进自治区新华书店经济效益提高，全店选拔经理及业务骨干到武汉大学参加图书发行营销脱产培训。

3月27日 宁夏回族自治区新华书店印发《关于2009年度宁夏回族自治区新华书店职工旅游的通知》。

同日 因宁夏新华旅行社自成立之日起常年亏损，经营难以为继，经自治区新华书店总经理办公会议决定，自2009年3月27日起终止宁夏新华旅行社的所有业务工作。

同月 宁夏回族自治区新华书店积极配合自治区财政厅资产评估小组对区店所有资产进行清产核资。本次清查涉及全区各店的固定资产及流动资产，资产众多，情况复杂，工作量巨大，但宁夏各地新华书店积极配合，认真清查，细致盘点，为集团的组建及决策提供了准确的财务依据。

4月1日 为确保宁夏新华书店集团有限公司筹备工作平稳有序、快速顺利进行，成立宁夏新华书店集团有限公司筹备组和各工作小组。

4月14—19日 黄河出版传媒集团有限公司、宁夏新华书店集团有限公司组建及筹备工作紧张有序地进行。为确保筹备工作顺利进行，对区店连锁总部及各连锁店库存商品进行清产核资统一盘点。

5月5日 宁夏回族自治区新华书店印发《关于认真做好第二批农家书屋

建设工程项目点布置落实工作的通知》。

5月31日 宁夏回族自治区新华书店印发《关于重新制定2009年财务预算指标的通知》。

6月22日 宁夏回族自治区新华书店转发《关于北京印刷学院继续教育学院宁夏工作站2009年成人高等教育计划招生的通知》。

7月3日 宁夏回族自治区新华书店印发《关于认真做好〈科学发展观青少年读本〉和〈我爱我的祖国〉征订发行工作的通知》。

7月14日 宁夏回族自治区新华书店印发《关于认真做好"爱读书读好书善读书"活动学习用书征订发行工作的通知》。

7月15日 宁夏回族自治区新华书店印发《关于2009年1月1日后退休职工取消本单位计发工资的通知》。

7月20日 宁夏回族自治区新华书店印发《关于规范使用固原市新华书店土地开发的通知》。

7月29日 银川市新华书店经店务会决定,对机构进行调整:撤销人力资源开发领导小组,更改银川市新华书店相关职能科室名称为部:财务科更名财务部,人教科更名人力资源部,业务科更名采购部,储运科更名物流配送中心。

同日 银川市新华书店新城图书批销中心由独立核算部门变更为非独立核算部门。

同月 银川市委、政府任命王军同志为银川市新华书店党委委员、书记、总经理。总经理沙青、党委书记周毅卿调离。

8月8日 宁夏回族自治区新华书店为了进一步加强国有企业党风建设和反腐倡廉工作,促进国有企业科学发展,维护国家和出资人利益,保障职工群众合法权益,规范国有企业领导人员廉洁从业行为,加大对国有企业领导人员的管理和监督力度,并转发《国有企业领导人员廉洁从业若干规定》。

8月20日 银川市新华书店创办《企业动态》内刊。

9月1日 宁夏回族自治区新华书店印发《关于加强企业财务快报工作的通知》。

9月3日　《银川市新华书店工资调整方案》经2009年8月18日召开的第五届职工代表大会第十一次会议审议并通过，于2009年9月1日执行。

9月4日　银川市新华书店聘任金燕同志为教育书店副经理。

9月5日　宁夏回族自治区新华书店根据自治区党委《关于全区开展第三批深入学习实践科学发展观活动的实施意见的通知》精神，按照黄河出版传媒集团的安排部署，深入扎实开展好第三批学习实践科学发展观活动，自治区新华书店党总支成立学习实践活动领导小组及办公室。组长李海舟，成员蔡新云、何学军、李锁信、周毅卿、孟小平、胡银海；办公室主任蔡新云，成员张智祥、纳永。

9月10日　宁夏回族自治区新华书店印发《宁夏新华书店学习实践活动学习调研阶段工作安排》。

9月18日　宁夏回族自治区新华书店深入学习实践科学发展观活动动员大会在宁夏新华书店三楼会议室隆重召开。黄河出版传媒集团有限公司机关党委副书记石晓燕出席大会，在岗、内退、离退休等60多位党员同志参加会议。

9月23—25日　宁夏回族自治区新华书店为丰富职工文体生活，促进企业文化建设，加强团队凝聚力，促进内部沟通，增强员工的集体主义观念和团队精神，提升团队核心竞争力，激发员工潜能，健康身心，磨炼意志，组织全体职工进行拓展训练活动。

9月28日　宁夏回族自治区新华书店在银川市兴庆区盛世花园大酒店召开全区新华书店经理会议。

同月　宁夏回族自治区新华书店成为黄河出版传媒集团旗下的发行子集团公司。

10月21日　宁夏回族自治区学习实践科学发展观第一巡回检查指导组一行3人在黄河出版传媒集团机关党委书记石晓燕的陪同下，莅临自治区新华书店就学习实践科学发展观活动第一阶段工作进行了检查，检查组实地察看了各部门的业务工作并召开了专题座谈会。自治区新华书店副科级以上领导干部和行政党支部共30多位党员参加了会议。会议由区店党总支副书记蔡新云主持，他代表新华书店学习实践科学发展观活动领导小组向检查指导组做了工作汇报。

同月 银川市新华书店增补时毓秀、刘桂霞为党委委员。

11月3日 宁夏回族自治区新华书店印发《关于规范使用全区新华书店出租房的通知》。

11月4日 宁夏回族自治区新华书店根据黄河出版传媒集团的总体要求和宁夏新华书店集团有限公司组建方案，决定成立宁夏图书音像公司，作为宁夏新华书店集团的全资子公司，独立经营，自负盈亏。

11月10日 同心县新华书店劳动服务公司于1992年6月成立，长期以来，该公司运行不规范，经济效益低下，人员管理混乱。为了进一步规范基层书店的经营活动，根据黄河出版传媒集团和自治区新华书店发展布局，注销同心县新华书店劳动服务公司，收回出租房屋。

11月11日 宁夏回族自治区新华书店印发《关于认真做好2009年工作总结暨2010年工作计划的通知》。

11月18日 宁夏回族自治区新华书店在中国建设银行宁夏区分行培训中心（银川市南薰西街98号）召开宁夏图书音像公司经理、副经理竞聘大会。

11月22日 宁夏回族自治区新华书店转发《关于举办全区第八期出版物发行员技能培训鉴定班的通知》。

12月23日 宁夏回族自治区新华书店按照黄河出版传媒集团党委关于开展深入学习实践科学发展观活动的总体部署和自治区新华书店《关于开展深入学习实践科学发展观活动实施方案》的总体安排，印发《宁夏新华书店学习活动整改落实阶段工作安排》。

12月25日 宁夏回族自治区新华书店根据黄河出版传媒集团《关于张智祥同志任职的通知》，张智祥任宁夏图书音像公司经理（正科级），免去办公室主任职务；王军任宁夏图书音像公司副经理。

12月28日 宁夏回族自治区新华书店为丰富全区新华书店系统职工文化生活，增强凝聚力，促进精神文明建设和企业文化建设，在银川市绿洲饭店三楼举办全区新华书店系统职工卡拉OK大赛。

12月30日 宁夏回族自治区新华书店印发《关于认真做好宁版图书发行工作的通知》。

同月 银川市新华书店总经理王军被新闻出版总署评为新中国60年百名有突出贡献的新闻出版专业技术人才。

是年 宁夏回族自治区新华书店实现销售15200万元，比2008年增长2700万元，增长率为15%。

2010年

1月4日 宁夏回族自治区新华书店党总支为了加强基层党组织建设，实行部门领导"一岗双责"目标，充分发挥党支部战斗堡垒作用。党总支成立教材公司党支部、图书公司党支部，按组织程序进行选举，朱艳红为教材公司党支部书记，张智祥为图书公司党支部书记。

1月5日 银川市新华书店聘任刘丽智为营销部经理，王小立为新城书店经理，马溱为财务部经理，汪署平、陈亮为物流配送中心副经理，汪暑平主持全面工作，郭靖、杨明辉为办公室副主任，叶文华为银川书城副经理，刘涛为新城书店副经理。

1月8日 宁夏回族自治区新华书店印发《宁夏新华书店关于评选2009年度优秀发行单位和发行员的方案》。

同日 宁夏回族自治区新华书店为考核2009年度的工作和干部履职情况，树立先进、鞭策落后，查找本部门工作及自身的不足，进一步提高工作能力，决定对区店现任中层领导干部进行年终述职考核。

1月11日 宁夏回族自治区新华书店印发《关于征求2010年培训工作意见的通知》。

1月14日 宁夏回族自治区新华书店根据《关于印发〈黄河出版传媒集团有限公司2009年度考核工作实施方案〉的通知》精神，制订《宁夏新华书店2009年度考核工作实施方案》。

1月19—21日 宁夏回族自治区新华书店考核领导小组对各店2009年度经营管理情况进行考核。

1月27日 宁夏回族自治区新华书店党总支书记、总经理李海舟带队参加了石嘴山市大武口区星海镇文化产业创业城全区"万名宣传思想文化系统干部下基层"暨"三下乡"启动仪式。作为宁夏最大的图书发行企业，自治区新华书店在多年的科技、卫生、文化"三下乡"活动中，高度重视、积极参与，认真组织、扎实落实。

2月1日　宁夏回族自治区新华书店印发《关于做好读者调查问卷工作的通知》。

2月5日　宁夏回族自治区新华书店转发《黄河出版传媒集团重申有关劳动纪律的通知》《黄河出版传媒集团经济责任审计暂行办法》《黄河出版传媒集团领导干部离任经济事项交接办法（试行）》。

2月7日　宁夏回族自治区新华书店参加由黄河出版传媒集团举办的全集团系统春节团拜会。为了加强企业文化建设，提升企业的知名度和影响力，会上进行总结表彰及文艺汇演。

2月10日　宁夏回族自治区新华书店转发《财政部、国家税务总局关于继续实行宣传文化单位增值税和营业税优惠政策的通知》。

同月　银川市新华书店网站www.ycxinhua.com正式开通。

3月1日　宁夏回族自治区新华书店印发《关于执行2010年预算管理的通知》。

3月15日　宁夏回族自治区新华书店印发《关于认真做好2010年农家书屋工程建设的通知》。

3月15—16日　全区新华书店经理工作会议在银川市功达酒店召开。会议认真总结2009年度工作，肯定成绩、查找不足，积极推进宁夏新华书店集团下一步的改革工作，实现宁夏图书发行业的繁荣发展。

3月19日　银川市新华书店制定《银川市新华书店年度经营业绩考核办法》《银川市新华书店职能部门负责人实绩考核办法》。

3月24日　宁夏回族自治区新华书店印发《关于农家书屋配送工作的通知》。

3月29日　宁夏回族自治区新华书店印发《宁夏新华书店集团公司绩效工资发放办法》。

同日　宁夏回族自治区新华书店根据近年来职工继续教育情况的变化，修订出台《在职职工继续教育管理规定》。

4月14日　宁夏回族自治区新华书店印发《关于使用统一配置财务专用电脑的通知》。

4月21日　宁夏回族自治区新华书店根据《关于杨岚任职的批复》《关于王永亮等同志职务任免的通知》精神，决定聘任杨岚为自治区新华书店办公室主任，贾羽为宁夏外文（教育）书店副经理。免去杨岚、李晓岩宁夏外文（教育）书店副经理职务。

4月26日　宁夏回族自治区新华书店转发《黄河出版传媒集团举报申诉工作暂行条例》《关于加强集团公司公务用车安全管理的规定》。

同日　宁夏回族自治区新华书店为有序开展各项工作，确保改革的成功和效果，要求各部门重新修订《部门手册》，上报本部门机构设置、人员编制。

同日　宁夏回族自治区新华书店根据黄河出版传媒集团及区店总经理室的安排和部署，2010年全区新华书店将完成集团组建、机构设置、人事劳动用工、收入分配制度改革等工作。为确保各项改革工作的成效和有序进行，要求各店编制上报《工作手册》。

4月27日　宁夏回族自治区新华书店根据《宁夏回族自治区最低工资规定》，印发了《关于执行最低工资标准的通知》。

4月28日　宁夏回族自治区新华书店印发《新华书店集团2010年工作要点》。

4月29日　宁夏回族自治区新华书店根据黄河出版传媒集团《关于马建文职务聘任的通知》精神，聘任马建文为宁夏外文（教育）书店副经理。

同月　成立银川市新华书店教辅批销中心，商都门市进行自营开业。

5月12日　宁夏回族自治区新华书店印发《关于认真做好图书连锁经营一体化工作的通知》。

5月19日　宁夏回族自治区新华书店为使销售系统升级后尽快发挥作用，按照系统升级时间安排，在银川市国贸中心11楼第二会议室举办POS机销售系统操作培训班。

5月21日—6月7日 宁夏回族自治区新华书店对全区一般图书连锁经营系统进行了二次升级改造。其间，自治区新华书店集团图书音像公司与深圳巴颜喀拉在线有限公司技术人员一同前往全区各连锁店，就各店的盘点、系统升级工作进行了指导。

6月1日 宁夏回族自治区新华书店印发《关于〈把吃出来的病吃回去〉下架封存的紧急通知》。

6月2日 宁夏回族自治区新华书店印发《关于执行黄河出版传媒集团有关信息报送工作的通知》。

6月7日 黄河出版传媒集团副总经理闫智红、宁夏回族自治区新华书店总经理李海舟带领黄河出版传媒集团资产项目管理部、自治区新华书店财务部负责人与自治区国资委产权处处长王勇接洽，讨论了由国资委发文，将全区新华书店的产权归集到宁夏新华书店集团名下，出资人由自治区新闻出版局变更为黄河出版传媒集团有限公司等事宜。会谈解决了全区新华书店产权归属问题，为宁夏新华书店集团的组建奠定了基础。

6月8日 银川市新华书店党员大会采取"公推直选"的方式，选举产生银川市新华书店新一届党委委员会和纪律检查委员会，王军任书记，张明轩任副书记、纪委书记，王琳、时毓秀、刘桂霞任党委委员。

同日 银川市新华书店根据全店党员人数、分布情况，新增设了物流中心党支部。

6月16日 宁夏回族自治区新华书店通过了自治区新闻出版局2009年农家书屋建设验收，这标志着宁夏2009年农家书屋建设工程基本结束。

6月17日 宁夏回族自治区新华书店印发《宁夏新华书店2010年上半年工作总结暨下半年工作计划》。

6月21日 宁夏回族自治区新华书店印发《关于网络教材推广活动安排的通知》《关于规范图书连锁店一般图书退货流程的通知》。

6月28日 宁夏回族自治区新华书店按照黄河出版传媒集团的安排部署，将对全区各市、县（区）新华书店党支部及党员进行统一管理。

7月5日 宁夏回族自治区新华书店总经理李海舟陪同黄河出版传媒集团副总经理闫智红到惠农区新华书店视察,详细地了解了该店的人员结构情况以及教材、一般图书的销售情况。

同日 宁夏回族自治区新华书店印发《关于认真做好全区图书音像制品物流配送工作的通知》。

7月7日 宁夏回族自治区新华书店2010年上半年经理工作会议在宁夏泾源县召开。黄河出版传媒集团党委书记、总经理杨宏峰,党委委员、副总经理巴岱、闫智红,人力资源部部长杨玉林,自治区新华书店党总支成员及全区各市、县(区)新华书店负责人60余人出席会议。自治区新闻出版局党组成员、副局长黄洪乾应邀出席会议。会议由自治区新华书店党总支副书记蔡新云主持。

7月15日 宁夏回族自治区新华书店为了加强精神文明建设和企业文化建设,丰富职工文化体育生活,增强职工体质,提高企业的凝聚力,更好地促进书店的各项工作,组团参加黄河出版传媒集团第一届职工运动会。

7月21日 宁夏回族自治区新华书店转发《关于举办"黄河出版传媒集团第一届职工文化艺术节"的通知》。

7月22日 宁夏回族自治区新华书店面向社会公开招聘职工并采取竞聘演讲的形式确定人选。

7月26日 宁夏回族自治区新华书店转发《关于进一步开展严格遵守财经纪律彻底清理"小金库"等违法违规行为的通知》《黄河出版传媒集团内部控制审计办法(试行)的通知》。

7月28日—8月2日 宁夏回族自治区新华书店职工在黄河出版传媒集团举办的第一届职工运动会上积极报名,踊跃参赛。共有40多人参加了11个大项20个小项的角逐,43人(次)获得了奖项。自治区新华书店获得了"优秀组织奖"。

8月6日 宁夏回族自治区新华书店印发《关于认真做好〈我们的海小平〉一书征订发行工作的紧急通知》。

8月7—8日 宁夏图书音像公司组织全体职员野外训练。

8月10日　宁夏回族自治区新华书店印发《关于认真做好〈划清"四个重大界限"学习读本〉征订发行工作的紧急通知》。

8月10—11日　同心县部分乡镇突降特大暴雨，造成了当地不同程度受灾。同心县新华书店在接到县委的抗洪救灾通知后积极行动，在第一时间赶到了河西受灾现场，在抗洪抢险指挥部的安排下，积极帮助灾民转移财产，配合公安、消防、武警等部门将受灾群众转移到了临时安置点，为灾民发放食物、矿泉水，安抚受灾群众，充分发扬了"一方有难，八方支援"的互助精神。

8月16日　宁夏回族自治区新华书店根据《中共中央国务院关于深入实施西部大开发战略的若干意见》及自治区党委办公厅、人民政府办公厅《关于开展深入实施西部大开发战略学习活动的意见》精神，按照黄河出版传媒集团实施方案的部署，自治区新华书店党总支结合实际，制订了《全区新华书店系统开展深入实施西部大开发战略学习活动实施方案》。

8月18日　宁夏回族自治区新华书店转发《黄河出版传媒集团有限公司员工守则（试行）》。

8月23日　宁夏回族自治区新华书店总经理李海舟、常务副总经理顾自安和财务部主任李晓琍参加了由自治区财政厅、审计厅、国资委等六家政府部门联合召开的宁夏《企业内部控制配套指引》宣传实施动员大会。

8月25日—9月10日　宁夏回族自治区新华书店在抗日战争胜利65周年来临之际，根据自治区新闻出版局的统一安排，在各连锁店进行"纪念抗战胜利65周年出版物展销"活动。

9月14日　宁夏回族自治区新华书店印发《连锁图书销售结算和建立库存台账的工作流程》。

9月15日　宁夏回族自治区新华书店转发《关于黄河出版传媒集团有限公司税收优惠政策的通知》。

9月16日　宁夏回族自治区新华书店印发《连锁店收发货及拆包的工作流程》。

9月21日　宁夏回族自治区新华书店根据黄河出版传媒集团党委《关于赵

军同志职务聘任的批复》，聘任赵军为惠农区新华书店经理，免去郏占宁惠农区新华书店副经理职务。

9月25日 宁夏回族自治区新华书店为适应业务发展需要，经9月25日区店党总支会议研究，拟聘任马梅玲为自治区新华书店贺兰分店经理，史振华为灵武市新华书店经理，李晓焱为宁夏黄河教育书刊发行公司经理。

9月29日 宁夏回族自治区新华书店印发《关于规范各连锁店图书分类及摆放的通知》。

10月11日 宁夏回族自治区新华书店印发《关于全区各市县新华书店成立党支部及选举支部书记的通知》。

10月21日 宁夏回族自治区新华书店根据自治区国资委《关于在全区国有企业中开展"小金库"专项治理工作的通知》的精神和要求，按照黄河出版传媒集团的部署，结合实际，制订了《全区新华书店系统"小金库"专项治理工作实施方案》。

10月25日 宁夏回族自治区新华书店印发《关于新华书店2010年度财务报表预审工作的通知》。

同日 宁夏回族自治区新华书店为了深入学习贯彻《中共中央、国务院关于深入实施西部大开发战略的若干意见》，按照黄河出版传媒集团党委的安排部署，自治区新华书店党总支要求全区各市、县（区）新华书店及自治区新华书店各部门认真组织职工学习自治区党委书记张毅、自治区主席王正伟在开展深入实施西部大开发战略大学习活动动员大会上的讲话。认真做好学习笔记。通过学习，结合自身工作写一份不少于3000字的学习心得，自治区新华书店将把这次大学习活动作为对各店、各部门年度考核的一项内容。

11月1日 宁夏回族自治区新华书店印发《关于征集"黄河春潮"2011年职工迎新春文艺汇演节目的通知》。

11月15日 宁夏回族自治区新华书店根据《关于规范各直属党组织的隶属关系的通知》要求，自治区新华书店党总支积极与各地方党组织协调，将全区各市、县新华书店党员组织关系转入黄河出版传媒集团，实行统一管理。目前，自治区新华书店有党员210名，党支部22个（不含银川市新华书店）。按照《中国共产党章程》规定，自治区新华书店各部门，各市、县新华书店成立了党支部，选举产生了支部委员会、支部书记。

同日 宁夏回族自治区新华书店为了更好地贯彻落实科学发展观，加强社会主义精神文明建设，进一步促进宁夏新华书店系统创建优美环境，改善服务态度，提升服务水平，扩大优秀出版物发行，为全民阅读和推动学习型社会建设创造良好条件，根据中发协第五届常务理事会2010年工作计划和全国书刊发行协会秘书长会议通知，自治区新华书店在全区新华书店中开展2009—2010年度"文明店堂"评选活动。

同日 宁夏回族自治区新华书店为了加强各连锁门店货品的管理，明晰各类货品的数量、价格、年限和总量，确保库存结构的合理性、统一性，准确建立总部库存基准数据。按照自治区新华书店总经理室的部署和安排，对连锁总部、各连锁店一般图书及音像制品进行盘点。

同月 银川市新华书店聘任汪署平为银川市新华书店物流配送中心经理，金燕为银川市新华书店教育书店经理。

12月6日 宁夏回族自治区新华书店《关于印发〈黄河出版传媒集团有限公司2010年度固定资产清查工作方案〉的通知》。

12月8日 宁夏回族自治区新华书店转发自治区新闻出版局《关于对全区出版物发行员进行技能培训鉴定的通知》。

12月15日 宁夏回族自治区新华书店印发《关于参加"黄河春潮"文艺汇演的通知》。

12月20—21日 宁夏回族自治区新华书店为进一步规范全区新华书店系统财务管理工作，提高经营管理人员素质，健全和统一书店系统财务制度，根据黄河出版传媒集团党委指示精神，在银川市绿洲饭店举办全区财务培训班。

12月24日 宁夏回族自治区新华书店印发《关于认真做好2010年度工作总结暨2011年度工作计划的通知》。

2011 年

1月6日 宁夏回族自治区新华书店印发《宁夏回族自治区新华书店关于评选2010年度先进集体和先进工作者方案》。

1月8日 宁夏回族自治区新华书店为总结经验，发现和解决工作中的实际问题，促进2011年各项工作更好地开展，对基层新华书店2010年度工作进行考核。

1月13日 宁夏回族自治区新华书店根据黄河出版传媒集团党委指示精神，对各店领导班子成员进行述职考评。

同日 宁夏回族自治区新华书店为进一步加强沟通协调，完善科学决策机制，提高科学决策水平和工作效率，扎实推进各项工作制度化、规范化、科学化，充分发挥领导班子成员谋全局、议大事、抓大事的核心领导作用，进一步增强全体员工的事业心和责任感，全面提升全区新华书店系统各项工作整体水平，经自治区新华书店总经理室研究决定，在全区新华书店系统执行"周、月例会"工作制度。

1月18日 宁夏回族自治区新华书店印发《关于征集区新华书店第二届职代会第二次会议提案的通知》《宁夏新华书店2011年党建精神文明建设工作要点》《全区新华书店2011年社会治安综合治理工作计划》《宁夏新华书店2011年党风廉政建设工作要点》。

同日 宁夏回族自治区新华书店根据黄河出版传媒集团党委的安排部署，为了深入开展创建"学习型领导班子""学习型党组织"，争当"学习型党员干部"活动，制订《自治区新华书店党总支学习计划安排表》。

同日 宁夏回族自治区新华书店印发《关于春节前对离退休及家庭困难职

工老党员进行慰问的通知》。

1月20日　宁夏回族自治区新华书店为了改变各连锁店节日气氛不浓的现状，宁夏图书音像公司于2011年春节期间在各连锁店开展了题为"快乐迎新春，送礼送文化"的营销活动，图书音像公司为各店免费提供了易拉宝、海报、条幅和印刷精美的宣传单页，各店及时将宣传品和相关的图书配套在卖场中展出，增加春节节日气氛。

1月24日　宁夏回族自治区新华书店印发《宁夏新华书店2010年工作总结的通知》。

同日　宁夏回族自治区新华书店印发《宁夏新华书店2011年工作计划》。

1月25日　宁夏回族自治区新华书店为了认真贯彻和落实《劳动法》和《工会法》等法律法规，促进企业发展，维护职工的合法权益，建立和谐稳定的企业，根据工会工作安排，经党总支、总经理室批准，决定召开宁夏新华书店第二届职工代表大会第二次会议。

1月27日　宁夏回族自治区新华书店印发《关于2011年春节期间做好厉行节约工作坚决制止奢侈浪费行为的通知》。

同日　宁夏回族自治区新华书店印发《关于兑现2010年度基层新华书店经理经营目标责任奖的通知》。

1月30日　宁夏回族自治区新华书店为了贯彻落实黄河出版传媒集团关于进一步规范和加强自治区新华书店系统经营管理的工作要求，成立预算管理工作领导小组，进一步加强对全面预算的内部控制，规范预算编制及调整，严格预算执行与考核，提高预算管理水平和书店经济效益。

1月30日　银川市新华书店被《中国图书商报》、中华全国工商业联合会书业商会授予"2010年度最佳诚信奖"。

2月16日　宁夏回族自治区新华书店印发《宁夏回族自治区新华书店2011年1月份工作总结暨2月份工作计划》。

同日　宁夏回族自治区新华书店为了进一步提升企业管理的民主化、科学化和公开化水平，有效落实店务公开的原则，决定自2011年1月1日起，对全区各市、县（区）新华书店的财务主要指标进行公示，以便于广大职工了解店务，并进行监督。

2月18日 宁夏回族自治区新华书店印发《关于征求宁夏新华书店集团员工工资管理规定意见的通知》。

2月21日 宁夏回族自治区新华书店印发《关于宁夏回族自治区新华书店系统2011年度预算工作安排的通知》。

同日 宁夏回族自治区新华书店为进一步规范和加强全区新华书店系统的经营管理水平，加强企业内部控制，优化企业资源配置，建立健全预算管理体系，制定了《宁夏回族自治区新华书店集团有限公司预算管理办法（试行）》。

2月23日 全区新华书店经理工作会议在自治区新华书店大会议室召开。

2月24日 宁夏回族自治区新华书店印发《关于认真做好〈中国共产党历史〉丛书发行工作的补充通知》。

2月25日 宁夏回族自治区新华书店为了保障全区农家书屋工程建设的顺利进行，切实做好农家书屋招投标工作的指导、协调和管理工作，成立自治区新华书店农家书屋建设工程领导小组，负责组织协调全区新华书店农家书屋工程建设事宜。

3月1日 宁夏回族自治区新华书店印发《关于连锁图书销售结算和建立库存台账的工作流程的补充通知》。

3月4日 宁夏回族自治区新华书店印发《关于认真做好〈中国共产党历史〉（DVD）系列文献纪录片征订工作的紧急通知》。

同日 宁夏回族自治区新华书店为有效地执行企业内部资金支出控制制度，规范新华书店系统资金支出审批程序，明确资金支出审批权责，提高资金风险，参照《黄河出版传媒集团资金支出审批办法（试行）》和《宁夏新华书店资金管理办法》及相关管理制度，制定《宁夏新华书店资金支出审批办法》。

3月9日 宁夏回族自治区新华书店印发关于执行《宁夏回族自治区新华书店效能监察实施细则》的通知。

同日 宁夏回族自治区新华书店印发《宁夏回族自治区新华书店2011年2

月份工作总结暨3月份工作计划》。

3月14日 宁夏回族自治区新华书店印发《宁夏回族自治区新华书店员工岗位测评实施方案》。

3月15日 宁夏回族自治区新华书店印发《关于举办全国青少年五好小公民主题教育"光辉的旗帜"读书征文活动的通知》。

3月17日 宁夏回族自治区新华书店为了大力推进新华书店学习型党组织建设，加大争先创优工作力度，丰富庆祝中国共产党建党90周年活动内容，党总支在全区新华书店系统开展党员上岗佩戴党徽，评设"党员示范岗""文明示范店"活动。

同日 宁夏回族自治区新华书店为深入贯彻落实全区宣传工作会议精神，进一步提高宁夏新华书店各级领导班子和党员干部职工队伍的整体素质及实战能力，营造争先创优的良好氛围，根据黄河出版传媒集团《关于印发〈黄河出版传媒集团开展"五比五看"教育活动的实施意见〉的通知》，党总支决定在全区新华书店系统开展以"比信仰信念，看政治立场；比学习提高，看融会贯通；比廉洁自律，看遵纪守法；比团结奋进，看协调配合；比敬业奉献，看工作实绩"为主要内容的"五比五看"教育活动。

3月21日 宁夏回族自治区新华书店为了认真贯彻全国总工会有关规定，充分调动职工主动谏言献策、参与企业民主决策的积极性，促进企业和谐发展，根据工会工作安排，经党总支、总经理室批准，决定召开自治区新华书店第二届职工代表大会第三次会议。

同日 宁夏回族自治区新华书店为加强效能建设，维护经营纪律，促进经营管理，提高经营效能，保证效能监察畅通，确保各项工作目标如期实现。根据《宁夏回族自治区新华书店效能监察实施细则》的有关规定，结合宁夏新华书店系统实际，特制定《宁夏回族自治区新华书店2011年效能监察工作安排》。

4月1日 宁夏回族自治区新华书店印发《关于执行最低工资标准的通知》。

4月2日 宁夏回族自治区新华书店印发《宁夏新华书店绩效考核与分配管理办法（试行）》。

4月6日 银川市新华书店聘任金燕为教育书店经理，汪署平为物流配送中心经理。

4月18日 宁夏回族自治区新华书店印发《关于征求合理化建议的通知》《宁夏回族自治区新华书店2011年第一季度工作总结暨4月份工作计划》《关于图书销售业务分类核算的通知》。

4月30日 宁夏回族自治区新华书店为贯彻落实党的十七届四中、五中全会精神及黄河出版传媒集团2011年党建工作会议精神，扎实推进学习型党组织建设，大力倡导"在工作中学习，在学习中工作"的理念，营造区新华书店浓厚的学习氛围，根据黄河出版传媒集团《关于在集团公司开展读书心得交流活动的通知》要求，经党总支研究决定，在全区新华书店党员干部中广泛开展读书心得交流活动。

5月9日 宁夏回族自治区新华书店印发《关于认真做好2011年农家书屋建设工作的通知》。

5月11日 银川市新华书店聘任陈晓梅为教育书店副经理。

5月17日 宁夏回族自治区新华书店转发黄河出版传媒集团《关于深入开展"反腐倡廉制度执行年"活动的通知》。

同日 宁夏回族自治区新华书店为了加强全区新华书店2011年"反腐倡廉制度执行年"的活动，认真做好制度清理和制度创新工作，结合全区新华书店的实际，制订《"反腐倡廉制度执行年"活动的工作方案》。

5月23—26日 宁夏回族自治区新华书店安排区店全体在岗、内退及离退休职工226人进行了全面体检。

5月24日 银川市新华书店向地处毛乌素沙漠边缘的月牙湖小学送去捐赠的2134册图书。

6月1日 宁夏回族自治区新华书店印发《关于全区新华书店系统财务软件升级（用友U8.9）的通知》。

6月2日 宁夏回族自治区新华书店举办全区新华书店系统职工演讲比赛，演讲内容围绕"立足本职，争先创优，敬业奉献"主题进行，结合全区新华书店的实际及本职工作开展。

6月5日 宁夏回族自治区新华书店为推进网点建设，扩大经营范围，根据银川市环保局的倡议，于"世界环保日"在银川市环保局监察大队门面房设立了宁夏第一家专业环保书店——宁夏新华书店"环保书店"。

6月8日 宁夏回族自治区新华书店印发《关于宁夏新华书店系统"党员示范岗"和"文明示范店"授牌表彰的决定》。

同日 宁夏回族自治区新华书店印发《全区新华书店系统"小金库"专项治理工作实施方案的通知》。

6月9日 宁夏回族自治区新华书店印发《关于认真做好〈中国共产党宁夏简史〉征订发行工作的通知》。

6月13日 宁夏回族自治区新华书店为隆重纪念中国共产党建党90周年，丰富全区新华书店党建活动及职工文化生活，根据《关于举办全区新华书店系统职工演讲比赛活动的通知》，举办"纪念建党90周年，全区新华书店职工演讲比赛决赛"活动。

6月15日 宁夏回族自治区新华书店为了加强各连锁门店货品的管理，明晰各类货品的数量、价格、年限和总量，进一步核准库存，准确建立库存期初数据。按照自治区新华书店总经理室的部署和安排，对连锁总部及连锁店一般图书及音像制品进行盘点。

同日 宁夏回族自治区新华书店印发《关于认真开展2011年上半年工作总结暨下半年工作计划的通知》。

6月20日 全区新华书店各党支部组织本支部党员积极参加"庆祝中国共产党成立90周年党史党建百题知识竞赛""全国党建知识竞赛"等活动，极大地增强了广大党员对党的历史、党的成就、党的理论、党的路线方针政策的了解与认识。"七一"前，全区新华书店有6个基层党组织、14名优秀共产党员、11名优秀党务工作者受到黄河出版传媒集团党委的表彰奖励。

6月25日 宁夏回族自治区新华书店为庆祝中国共产党建党90周年，在全区新华书店系统开展了党员上岗佩戴党徽，评选"党员示范岗""文明示范店"

活动，最后共评选出"文明示范店"6个、"党员示范岗"25人。

6月27日 宁夏回族自治区新华书店印发《关于进一步规范和加强全区书店系统财务管理工作的通知》。

7月1日 为纪念建党90周年，全区新华书店各党支部组织全体职工观看并学习讨论了胡锦涛总书记七一讲话精神。

7月4日 宁夏回族自治区新华书店图书音像批销中心法人、负责人由李海舟变更为王军。

7月5日 宁夏回族自治区新华书店印发《关于认真做好〈新编中小学管理实用手册〉征订的通知》。

同日 宁夏外文（教育）书店并入自治区新华书店发行连锁经营体系，采购业务由图书音像批销中心负责，即将发生业务的债权、债务均由图书音像批销中心承担。同时保留宁夏外文（教育）书店牌子。

7月6日 宁夏回族自治区新华书店印发《关于认真做好〈高中作文读本〉征订的通知》。

7月8日 宁夏回族自治区新华书店印发《宁夏回族自治区新华书店系统2011年上半年工作总结暨下半年工作计划》《宁夏回族自治区新华书店2011年上半年工作总结暨下半年工作计划》《宁夏新华书店系统2011年上半年财务状况分析说明》。

7月20日 宁夏回族自治区新华书店转发《关于表彰先进基层党组织、优秀共产党员和优秀党务工作者的决定的通知》。

7月21日 宁夏回族自治区新华书店贺兰分店法人、负责人由马梅玲变更为王军。

7月26日 宁夏回族自治区新华书店印发《关于审议宁夏新华书店系统工资改革方案的通知》。

7月29日 宁夏回族自治区新华书店印发《关于做好"祝英才"英语E点通点读笔销售工作的通知》。

8月3日 宁夏回族自治区新华书店为了充分调动职工谏言献策，参与企业民主决策的积极性，行使职工民主权利，促进企业和谐发展，召开自治区新华书店第二届职工代表大会第四次会议。

8月4日 宁夏回族自治区新华书店为了便于职工有病就医，经工会委员会研究决定，为全体员工每人办理一张中国工商银行医疗IC卡，费用从工会经费中列支。

8月9日 宁夏回族自治区新华书店转发《关于印发〈黄河出版传媒集团第二届职工文化艺术节活动方案〉的通知》。

8月15日 宁夏回族自治区新华书店转发《关于举办黄河出版传媒集团第二届职工趣味运动会的通知》。

8月16日 宁夏回族自治区新华书店印发《关于参加黄河出版传媒集团第二届职工趣味运动会有关事项的通知》。

同日 宁夏回族自治区新华书店印发《宁夏新华书店系统2011年7月份工作总结暨8月份工作计划》《宁夏回族自治区新华书店2011年7月份工作总结暨8月份工作计划》。

同日 宁夏回族自治区新华书店为提高全区新华书店系统财务软件使用效率和统一财务软件版本，对全区新华书店系统的财务软件进行升级。经集团采购项目投标程序，财务软件升级工作如期进行，在规划实施财务软件升级的前期准备工作后，宁夏新华书店正式启用U8.9财务软件升级软件系统，统一了新系统数据升级时间和财务软件统一启用时间及验收规定。

8月20日 银川市新华书店被宁夏总工会评为"自治区四星级职代会"。

9月15日 宁夏回族自治区新华书店印发《关于加快推进全区书店系统财务软件升级工作的通知》。

9月21日 宁夏回族自治区新华书店印发《关于认真做好2011年第三季度工作总结暨10月份工作计划的通知》。

9月22日 宁夏回族自治区新华书店根据黄河出版传媒集团《关于规范汽车驾驶员特岗补贴标准的通知》及总经理办公会议决定，从2011年8月1日起区店各部门、各直属分店驾驶员享受每月400元的特岗补贴。执行特岗补贴后，驾驶员以前享受的出车补助、安全奖励、通信补贴、加班工资等项目同时取消，8月份以后已报销出车补助的人员，不足400元的补足400元。特岗补贴从2011年10月1日起计入工资表发放。

10月9—14日 宁夏回族自治区新华书店组织107名在职及内退职工分两批到河南（云台山、少林寺、龙门石窟）、山西、河北（平遥古城、西柏坡）、西安（世博园、临潼）等地进行了考察。此次考察让职工开阔了眼界，增长了见识。

10月10日 宁夏回族自治区新华书店印发《宁夏回族自治区新华书店2011年第三季度工作总结暨第四季度工作计划》。

11月3日 宁夏回族自治区新华书店根据自治区国资委《关于加强企业资金集中管理的通知》和黄河出版传媒集团《关于转发〈关于加强企业资金集中管理的通知〉的通知》要求，进一步加强区店财务资金集中管理，规避防范资金风险，提高资金使用效率。按照黄河出版传媒集团统一部署，建立自治区新华书店资金归集系统。书店系统统一在中国建设银行宁夏分行网点开设银行基本结算账户。

11月9日 宁夏回族自治区新华书店聘任王天科为彭阳县新华书店副经理，聘任期三年，其中试用期一年。

11月16日 宁夏回族自治区新华书店为充分发挥全区新华书店职工在推进书店科学发展中的主体作用和主人翁责任感，着力破解影响和制约宁夏新华书店发展的突出问题，广纳意见，广聚才智，进一步促进宁夏新华书店更好、更快、更稳健地持续发展，在全区新华书店深入开展"新思路、新方法"的建言献策活动，为加快宁夏新华书店发展提供决策依据。

11月21日 宁夏回族自治区新华书店为加强各连锁门店商品的管理，明晰各类商品的数量、价格、年限和总量，进一步核准库存商品存货情况，同时为计算机管理提供真实、准确的基础数据。按照自治区新华书店总经理室的部署和安排，对连锁总部及各连锁店一般图书及音像制品进行年终盘点。

11月22日 宁夏回族自治区新华书店印发《宁夏回族自治区新华书店

2011年10月份工作总结暨11月份工作计划》。

11月23日 宁夏回族自治区新华书店为进一步规范全区新华书店经营管理服务行为，转变工作作风，提高工作办事效率，建立健全电话登记制度，认真做好全区各店业务办公电话记录。

11月24日 宁夏回族自治区新华书店根据第二十二届全国图书交易博览会执行委员会办公室的有关要求，印发《关于配合做好第二十二届全国书博会第一次新闻发布会宣传工作的通知》。

同日 宁夏回族自治区新华书店印发《关于调整图书音像批销中心与各店财务价差的通知》。

同月 宁夏回族自治区新华书店执行自治区国资委关于资金集中管理规定，变更银行账户建立资金归集系统。

12月20日 宁夏回族自治区新华书店印发《关于2012年度绩效工资实行预发的通知》。

是年 宁夏回族自治区新华书店按照黄河出版传媒集团制定的路线图和区店的全年工作计划表，全面细致地完成了工资制度改革工作，建立健全了全员绩效考核制度，进一步强化了激励与约束机制；内部管理不断加强，费用控制、内部审计取得明显成效。

是年 宁夏回族自治区新华书店在中国矿业大学银川学院图书馆招标会上以优质服务和优越的图书现采环境，在较高的折扣点上，一举竞标成功。同时，与宁夏图书馆、宁夏司法警官学院、宁夏医科大学、银川女子监狱4家图书馆也建立了合作关系。

是年 宁夏回族自治区新华书店继续高度重视项目申报工作，在黄河出版传媒集团的领导下，积极参与项目库建设，认真组织"十二五"期间项目的论证、申报、推荐等相关工作，先后向自治区政府、财政厅、国资委、发改委申报了2个项目。

是年 宁夏回族自治区新华书店工会委员会根据工作实际需要，调整了工会委员会人选，增补了2名职工代表，使工会委员会人员构成更加合理。与此同时,为加强企业文化建设,丰富职工业余文化生活,在区店三楼会议室添置了必要的音响学习设备和体育运动设施,建立健全了"职工之家"。

是年 宁夏回族自治区新华书店加强《宁夏图书发行》内刊的编辑工作,从版式、内容、时间上进行较大改进,进一步完善企业文化信息交流平台,提高企业核心竞争力。

是年 宁夏回族自治区新华书店根据《黄河出版传媒集团第二届职工文化艺术节活动方案的通知》和《关于举办黄河出版传媒集团第二届职工趣味运动会的通知》精神,对这两项工作进行了认真安排和部署。共征集各类参赛艺术作品17幅,参赛文艺节目8个。在黄河出版传媒集团组织的参赛作品评比中,3幅作品分别获得了二等奖和三等奖,1人获得了"十佳歌手",2人获得了"十佳舞蹈演员",2人获得了曲艺类一等奖,3个节目入选黄河出版传媒集团2011年中秋节文艺汇演。由43名运动员代表自治区新华书店参加黄河出版传媒集团第二届职工运动会,参与全部的10个大项18个小项的角逐,取得16项奖项,其中第一名6个,第二名5个,第三名5个。为区店争得了荣誉。

2012 年

1月6日 宁夏回族自治区新华书店印发《关于规范宁夏新华书店系统各子（分）公司岗外促销奖励办法的指导意见》。

1月11日 宁夏回族自治区新华书店召开全区新华书店系统经理工作会议。

1月17日 宁夏回族自治区新华书店转发《关于做好2012年春节期间反腐倡廉工作的通知》。

同月 银川市新华书店总经理王军荣获"全国新闻出版系统劳动模范"称号。

2月1日 宁夏回族自治区新华书店印发《关于宁夏回族自治区新华书店2011年度财务决算报表汇审的通知》。

2月2日 为更好地配合新闻出版总署与中国新华书店协会共同主办的全国新华书店业务技能大赛，宁夏回族自治区新华书店举办了预选赛。

2月9日 宁夏回族自治区新华书店印发《宁夏新华书店系统2012年1月份工作总结暨2月份工作计划》《宁夏回族自治区新华书店2012年1月份工作总结暨2月份工作计划》。

2月17日 根据《关于召开黄河出版传媒集团党员代表大会的通知》精神，黄河出版传媒集团党委在集团四楼多功能厅召开集团公司党员代表大会，选举出席中国共产党宁夏回族自治区第十一次代表大会代表。本次党员代表大会代表名额共80名，其中，分配给自治区新华书店的代表名额为36名。各基层新华书店党支部依据在岗党员人数选举1名代表，宁夏外文（教育）书店2名，永宁分店1名，贺兰分店1名，离退休党员2名，教材公司2名，图书公司2名，监察室1名，办公室1名，财务部1名，人力资源部1名。

2月24日 宁夏回族自治区新华书店为进一步做好全国新华书店业务技能大赛选手选拔工作，制订了《宁夏新华书店业务技能大赛决赛方案》。

同日 宁夏回族自治区新华书店总经理办公会议研究决定，聘任王翰为隆德县新华书店副经理，聘任期三年，其中试用期一年，聘期从2012年2月27日开始。

同日 宁夏回族自治区新华书店印发《关于规范各连锁店退货工作的补充通知》。

2月29日 宁夏回族自治区新华书店印发《关于做好"学雷锋"相关图书展示展销活动的紧急通知》。

同月 宁夏回族自治区新华书店积极参加了银川市劳动局组织的社会保险业务培训班。因新华书店社会保险工作突出，被银川市劳动局评为"2011年度银川市社会保险缴费诚信单位"。

3月8日 宁夏回族自治区新华书店为进一步加强区店的用电管理，消除消防安全方面的严重隐患，提高职工的消防安全意识，特印发《关于严禁在工作区使用电加热器具的通知》。

同日 宁夏回族自治区新华书店印发《关于进一步加强全区新华书店车辆安全管理的通知》。

3月13日 宁夏回族自治区新华书店印发《宁夏回族自治区新华书店2012年2月份工作总结暨3月份工作计划》。

同日 宁夏回族自治区新华书店印发《宁夏新华书店系统2012年2月份工作总结暨3月份工作计划》。

3月14日 宁夏回族自治区新华书店为规范购书卡在连锁店的使用，图书音像公司特制定《全区一般图书连锁系统购书卡使用暂行办法》。

3月16日 宁夏回族自治区新华书店选送苏海峡、郭杰、李冬芝、王雪四位同志参加全国新华书店业务技能大赛。

3月26日 宁夏回族自治区新华书店为贯彻落实"安全第一、预防为主、综合治理"的方针，切实加强安全生产和消防管理，防止和减少安全事故及火灾事故的发生，推进企业安全生产工作规范开展，顺利实现自治区新华书店各项经营目标，根据德胜工业园区管委会《银川德胜工业园区2012年安全生产工作要点》中的相关内容和要求，结合工作实际，特制订《自治区新华书店安全生产工作实施方案》。

3月29日 宁夏回族自治区新华书店为切实加强全区新华书店系统职工岗位责任意识，进一步转变工作作风，提升工作效能，梳理工作思路，总结经验教训，推进工作开展，使广大干部职工责任意识得到显著增强，各项工作升级提速增效明显，决定在全区新华书店系统实行"工作日志"制度。

同月 为庆祝新华书店建店75周年，迎接第二十二届全国图书交易博览会，新闻出版总署印刷发行管理司与中国新华书店协会共同举办全国新华书店业务技能大赛。宁夏赛区最终产生了"售书连续作业"等5个单项的前三名和优秀选手，各单项的第一名选手将代表宁夏新华书店参加全国新华书店业务技能大赛。同时，对进入全区新华书店业务技能大赛决赛的各位选手予以表彰奖励。

4月11日 海原县新华书店组织门市、业务等相关职工到彭阳县新华书店学习店堂陈列及一般图书推销经验等。通过学习，取长补短，及时改进和完善了海原店的不足之处，使海原店的服务水平、服务质量明显提高，各项工作有了长足进步。

4月19日 宁夏回族自治区新华书店印发《宁夏回族自治区新华书店2012年一季度工作总结暨4月份工作计划》《关于规范全区连锁店门市出租（联营）经营服务形象的通知》。

同月 宁夏回族自治区新华书店被自治区政府授予自治区级"A"级信用单位，并颁发荣誉奖牌。

同月 第二十二届全国图书交易博览会于6月1日在宁夏银川举行，全区新华书店系统负责全国新华书店系统的对口接待工作。

5月1日—6月30日 全区新华书店举办了"喜迎第二十二届书博会图书展销活动"，此次展销共计销售图书码洋64万余元。新书好书优惠让利带动了读者的购书热，丰富了宁夏人民的文化娱乐生活。

5月4日 宁夏回族自治区新华书店印发《关于执行最低工资标准的通知》。

5月10日 宁夏回族自治区新华书店印发《关于规范工资发放和社保缴费问题的通知》。

5月16日 宁夏回族自治区新华书店印发《宁夏新华书店系统2012年4月份工作总结暨5月份工作计划》。

同日 宁夏回族自治区新华书店印发《宁夏回族自治区新华书店2012年4月份工作总结暨5月份工作计划》。

5月17日 宁夏回族自治区新华书店为帮助广大新员工尽快了解新华书店历史、现状与经营理念，熟悉书店各项基本管理制度，学习掌握工作所需的基本知识与技能，对2008年以来新进书店工作的员工进行培训。

5月21日 宁夏回族自治区新华书店印发《关于认真做好书博会期间图书展销活动的通知》。

6月1日 第二十二届全国书博会在宁夏银川召开。银川市新华书店承办了书博会外馆搭建、零售展区的运营任务。在会展中心的零售卖场仅4天的名家名作现场签售均达到600册以上，取得了良好的销售业绩，也得到了第二十二届书博会组委会充分的肯定和高度的赞誉。

同日 第二十二届全国书博会在宁夏银川举行。这是党的十八大召开前夕举办的一次全国性文化盛会，是宁夏有史以来举办的参会人数最多、参展规模最大的会展活动。全国有36个代表团的480多家出版社、近千家期刊社和680家民营书商参展。

宁夏回族自治区新华书店按照宁夏书博会组委会的要求，举全店之力，组织服务用车并安排业务人员接待了全国近百家出版、发行单位，新建立合作伙伴关系近30家。全区新华书店员工以饱满、热情的精神面貌喜迎书博会，为书博会的圆满召开贡献了自己的力量。除银川市作为主会场外，大会组委会还分别在石嘴山、吴忠、中卫、固原等市设立了分会场。当地新华书店积极配合，门市以电子屏滚动字幕形式进行宣传，并组织职工布置展销图书，卓有成效地完成了分会场的展销筹备及宣传任务。

同日 宁夏回族自治区新华书店按照宁夏书博会组委会的安排，具体承办

"读者大会"。经过精心策划、准备，第五届读者大会在宁夏银川神华宁煤会议中心隆重召开。当天到场的有王蒙、于丹、张悦然、九把刀、石舒清、郭文斌、阿舍等全国知名学者、作家，大家济济一堂，共同与读者交流读书心得与体会。同期，由银川市新华书店积极策划、负责组织的"名家进校园讲座"活动，邀请到倪萍、杨红樱等名家现场签售。

6月2日 宁夏回族自治区新华书店负责全国书博会捐赠图书的接收、配发工作，共计接收90余家出版社捐赠的图书35万册、码洋753万元。其中，中国出版集团向西吉"文学之乡"、固原原州区官厅小学等7家单位捐赠了价值60万元的图书，并建立7家"读者之家"图书馆。按照组委会的任务安排，区店根据图书分配实施方案所确定的分配方向及图书配置数量，将捐赠图书及时配送到了各受赠单位，圆满完成了任务。

同日 宁夏回族自治区新华书店按照新闻出版总署和第二十二届书博会组委会部署及中国新华书店协会的安排，具体承办全国新华书店业务技能大赛颁奖暨汇报表演。新闻出版总署署长柳斌杰，自治区党委常委、宣传部部长蔡国英等领导莅临现场，观摩了图书造型、文字录入、售书连续作业、手绘POP、图书推介5个比赛项目的现场表演，与参赛选手进行了亲切交谈并共同出席了颁奖大会。柳斌杰署长在大会上发表了热情洋溢的讲话，对新华书店的发展和取得的成绩给予了充分的肯定，对此次活动的组织工作给予了高度评价。

6月18日 宁夏回族自治区新华书店为提高全区新华书店财务人员用友财务软件应用技能，规范岗位绩效工资管理，特举办用友U810财务软件应用培训班。

6月20日 宁夏回族自治区新华书店下发《全区一般图书连锁系统购书卡使用的暂行规定的通知》。

同月 宁夏回族自治区新华书店各连锁书店中，青岛出版社的图书月销售额突破8万元，为西北地区榜首。为此，青岛出版社特邀约自治区新华书店到青岛做业务研讨。

同月 宁夏回族自治区新华书店申请西部大开发企业所得税优惠税率

认证。

7月4日 宁夏回族自治区新华书店下发《宁夏回族自治区新华书店系统2012年上半年工作总结暨下半年工作计划》。

同日 宁夏回族自治区新华书店下发《宁夏回族自治区新华书店2012年上半年工作总结暨下半年工作计划》。

7月5日 宁夏回族自治区新华书店转发黄河出版传媒集团《关于深入学习领会自治区第十一次党代会精神开展"金点子"征集活动的通知》。

7月9日 宁夏回族自治区新华书店转发黄河出版传媒集团《关于建立黄河出版传媒集团工作人员勤政考绩档案制度的通知》。

7月9—13日 宁夏回族自治区新华书店为加强各连锁门店商品的管理，进一步核准库存商品存货情况，同时为计算机管理提供真实、准确的基础数据。按照自治区新华书店的部署和安排，对连锁总部及各连锁店一般图书及音像制品进行年中盘点。

7月25日 宁夏回族自治区新华书店转发黄河出版传媒集团《关于认真学习自治区第十一次党代会精神和纪念建党91周年系列活动的通知》。

8月 宁夏回族自治区新华书店针对永宁分店2月28日发生的交通事故，通过银川市公安局交通警察大队兴庆区二大队就此次交通事故下达了《道路交通事故认定书》认定，陈学军没有按照操作规范安全驾驶、文明驾驶，造成此事的全部过错，应负全部责任。经区店总经理会议研究决定，此次交通事故，给单位和个人造成了不必要的损失和伤害。根据区店有关规定，对这次事故的相关责任人员进行相应的处罚。

同月 银川市新华书店成立了由党委书记、总经理王军为组长，部门负责人为成员的银川市新华书店维护社会稳定领导小组。

9月19日 宁夏回族自治区新华书店转发自治区新闻出版局《关于对全区出版物发行员进行技能培训鉴定的通知》。

9月21日 宁夏回族自治区党委常委、宣传部部长蔡国英莅临银川书城视察、调研。

同月　《银川市新华书店管理、专业技术人员培养计划（2012—2015年）》颁布实施。

同月　宁夏回族自治区新华书店召开了2012年全区新华书店教材教辅发行工作会议，总结2012年教材教辅发行工作，交流各店教材、教辅工作经验，探讨今后教材、教辅发行工作思路。

10月15日　宁夏回族自治区新华书店印发《关于学习新闻出版总署2012年出版传媒集团负责人座谈会精神的通知》。

10月17日　宁夏回族自治区新华书店印发《关于印发黄河出版传媒集团党委中心组2012年理论学习补充安排的通知》。

10月31日　宁夏回族自治区新华书店为了贯彻落实党的十七届六中全会精神，深入推进社会主义核心价值体系建设，迎接党的十八大胜利召开，按照黄河出版传媒集团《党的十八大文件出版发行工作方案》要求，成立自治区新华书店党的十八大文件发行工作领导小组，顾自安为组长，周毅卿为副组长，张智祥、李文斌、杨扈姓、李欣、李廷库、马梅玲、杨建军、史振华、赵军、刘学东、吴长华、张红梅、刘学钧、熊红梅、兰海涛、马军贵、王瀚、张照飞、袁军为成员。领导小组全面负责文件发行工作，切实满足全区广大党员干部群众的学习需求。

同月　银川市新华书店被新闻出版总署授予"农家书屋工程建设突出贡献单位"。

11月14日　宁夏回族自治区新华书店鉴于宁夏参赛选手在全国新华书店业务技能大赛宁夏赛区及全国比赛中的优异表现，为表彰获奖选手，同时鼓励职工不断提高业务水平和业务技能，增强职工的集体荣誉感，决定授予全国技能大赛二等奖获得者李自强、郭杰"技术标兵"称号，分别为其颁发荣誉证书及2000元奖金；授予三等奖获得者王雪、苏海霞、李冬芝"技术标兵"称号，分别为其颁发荣誉证书及1000元奖金；对在自治区内比赛中获得前三名的王勇、马琛杰、张志燕、赵佳、王玉荣、康超、王丹、刘霞、蔡家龙、高静、汪莉等选手授予"技术能手"称号并颁发奖杯及荣誉证书。

11月19日 宁夏回族自治区新华书店根据黄河出版传媒集团《关于成立宁夏新华书店系统改制工作领导小组的通知》精神，为顺利推进新华书店系统体制改革，加快转化内部经营机制，自治区新华书店总经理办公会议研究决定，成立宁夏新华书店系统改制工作小组，组长顾自安，副组长李海舟、蔡新云、李锁信、周毅卿、孟小平、胡银海、王军，成员张明轩、王琳、时毓秀、刘桂霞、李廷库、李欣、杨扈姓、李文斌、王海金、杨岚、纳永、李晓琍、朱艳红、张智祥、马梅玲、杨建军、袁军、刘学钧、史振华、赵军、刘学东、吴长华、张红梅、熊红梅、兰海涛、马军贵、张照飞、王翰。

11月20日 银川市新华书店免去姚爱琴同志营销部副经理职务。

11月23日 宁夏回族自治区新华书店为丰富企业职工文化生活，展现职工创新能力和企业"求真务实，开拓创新"的良好形象，进一步营造团结和谐、奋发向上的企业文化氛围，借党的十八大胜利召开的契机，自治区新华书店总经理办公会议决定面向全区新华书店职工开展党的十八大专题文化艺术作品征集活动。

同月 宁夏回族自治区新华书店聘请中国检验认证集团宁夏有限公司进行ISO9001质量体系认证审核工作。在自治区新华书店各个受审部门的积极配合下，顺利通过ISO9001质量认证审核。

12月11日 银川市新华书店筹建银川市新华书店滨河新区书店。

12月27日 宁夏回族自治区新华书店印发《宁夏回族自治区新华书店2012年党建工作总结暨2013年党建工作计划》。

是年 宁夏回族自治区新华书店先后又申报了4个项目。

是年 宁夏回族自治区新华书店资产财务部获黄河出版传媒集团授予的先进集体奖。主管会计兼统计员冯小波连续5年获银川市、自治区统计工作个人优秀奖。

是年 宁夏回族自治区新华书店系统本年累计实现营业收入（码洋）39483万元，较上年增长了1443万元，增幅为3.8%。

是年 宁夏回族自治区新华书店指导全区各店积极配合自治区新闻出版局做

好宁夏农家书屋工程信息检索工作，由于工作完成较好，自治区新华书店、银川市新华书店和宁夏外文（教育）书店同时获得新闻出版总署颁发的"全国农家书屋工程建设突出贡献单位"奖牌。

2013 年

1月1日　宁夏回族自治区新华书店召开全区新华书店系统经理工作会议。

1月22日　宁夏回族自治区新华书店班子成员民主生活会召开。

2月1日　宁夏回族自治区新华书店根据《十八届中央政治局关于改进工作作风、密切联系群众的八项规定》《宁夏回族自治区党委、人民政府关于改进工作作风、密切联系群众的若干规定》以及黄河出版传媒集团有关厉行节约和节能降耗的要求，施行《宁夏新华书店系统厉行节约勤俭办事实施细则》。

2月4日　宁夏新华书店系统改制动员大会在黄河出版传媒集团四楼多功能厅召开，拉开了宁夏新华书店系统改制工作的序幕。

3月27日　银川市国资委党工委副书记、纪工委书记邵红蕾，副主任余永州一行到银川市新华书店调研。

3月28日　银川市新华书店免去郭德梅同志人力资源部经理职务，聘任杨海瑾同志为人力资源部副经理。

4月1日　宁夏回族自治区新华书店建立企业年金制度。

4月24日　隆德县新华书店开展菊芋种植项目，发展多种经营。

同日　宁夏回族自治区新华书店实施《黄河出版传媒集团督办工作暂行规定》。

同月　宁夏回族自治区新华书店与中国建设银行宁夏区分行营业部签订《现金管理服务协议》，将启动新华书店系统资金归集管理系统。

5月1日　根据《宁夏回族自治区最低工资规定》，自治区新华书店系统执行最低工资标准。

5月23日　宁夏回族自治区新华书店根据《关于成立黄河出版传媒集团简

史编撰小组的通知》要求，决定成立《宁夏新华书店系统简史》编撰小组。

5月24日 宁夏回族自治区新华书店发生办公楼火灾事故，事后迅速成立火灾事故处理领导小组。为把影响综合治理和安全生产的不利因素消灭在萌芽状态，自治区新华书店将此事故及处理情况通报全区各店，并进一步建立健全了区店内部安全工作的各项管理制度，加强对企业安全综合治理工作的组织协调和检查考评，落实领导责任制，下半年区店没有出现消防安全事故。

6月1日 银川书城四楼装饰装修工程竣工，书城少儿图书乐园正式开业。

6月3日 黄河出版传媒集团党委会议研究决定，宁夏回族自治区新华书店深化体制改革，组建宁夏新华书店集团有限公司，聘任蔡文贵为总经理。

6月8日 银川市新华书店在银川文化城购买营业房一处，建筑面积为1562.78平方米。

6月24日 宁夏新华书店集团开展中层正职领导任免工作。

7月2日 宁夏新华书店集团聘任王翰为隆德县新华书店经理。

7月11日 宁夏新华书店集团开展中层副职领导任免工作。

同日 宁夏新华书店集团党总支及经理办公会议确定特派督导员的工作职责及分工。

7月13日 宁夏新华书店集团为凝聚人心，进一步加强干部队伍建设，促进经营管理工作迈上新台阶，召开干部大会。

7月23日 宁夏新华书店集团党总支根据《关于深入开展党的群众路线教育实践活动实施方案》的要求，成立党的群众路线教育实践活动领导小组。

同日 宁夏新华书店集团各子公司召开群众路线教育实践活动动员大会。

7月25日 宁夏新华书店集团为深入推进党的群众路线教育实践活动，提高发行集团各级领导干部理论水平，根据宁夏新华书店集团党的群众路线教育实践活动领导小组的部署，在红寺堡区罗山宾馆举办第一期宁夏新华书店集团领导干部集中封闭学习培训班。

同月 宁夏新华书店集团为加强党建工作，提高党建工作水平。根据《中国共产党章程》的有关规定，特向黄河出版传媒集团党委申请成立宁夏新华书店集团党委。

同月 宁夏新华书店集团根据黄河出版传媒集团党的群众路线领导小组的通知要求，结合宁夏新华书店集团教育实践活动"回头看"工作，立即掀起第二次集中学习活动高潮。

同月 吴忠市新华书店为了给读者创造更好的购书环境，对利通街门市部进行了改扩建，充分利用和扩大了营业面积。

同月 宁夏新华书店协会法定代表人变更为蔡文贵。

8月15日 宁夏新华书店集团下发《宁夏新华书店集团有限公司公文管理办法》。

同日 《宁夏新华书店集团有限公司例行会议制度》下发实施，保证管理层充分发挥其职能，提高管理层例行会议的质量和效率。

8月23日 宁夏新华书店集团召开第一次党员代表大会。大会选举产生了第一届委员会和第一届纪律检查委员会。蔡文贵、李海舟、蔡新云、李文斌、杨扈姓、周毅卿、纳永7名同志当选为党委委员，周毅卿、马建文、张照飞、杨岚、李晓琍5名同志当选为纪委委员，李海舟当选为党委书记，蔡文贵当选为党委副书记，周毅卿当选为纪委书记。

同月 宁夏新华书店集团出版物经营许可证法定代表人变更为蔡文贵。

9月10日 根据黄河出版传媒集团2013年8月27日党委会研究，决定派惠文俊、董亮、殷戈同志分别到海原、隆德、彭阳新华书店挂职（学习）锻炼。

9月11日 《宁夏新华书店集团图书音像制品全员营销奖励办法》下发实施。

同日 《宁夏新华书店集团员工考勤管理规定》下发实施。

同月 宁夏新华书店集团为加强监督管理，确保资金安全和项目实施及采购质量，合理降低成本，提高资金使用效益，促进廉政建设，经新华（发行）集团总经理办公会议研究决定，成立宁夏新华书店集团招标工作领导小组。

11月1日 宁夏回族自治区党委书记李建华莅临银川市新华书店银川书城调研工作。

11月15日 《宁夏新华书店集团经营性资产出租管理办法》下发实施。

11 月 30 日 宁夏新华书店集团由于班子成员重组，各子公司法人变更，调整宁夏新华书店集团预算工作领导小组。

12 月 10 日 宁夏新华书店集团停止王翰同志隆德县新华书店经理职务，任命杜旭同志为隆德县新华书店副经理（主持工作）。

同日 《宁夏新华书店集团教辅发行管理制度》和《关于加强中小学教辅发行工作的实施方案》下发实施。

同日 《关于连锁门店经营一般图书进销账务处理的若干规定》和《关于进一步加强公务车辆管理的规定》下发实施。

是年 宁夏新华书店集团获得国家及自治区政府批准的流动售书车项目，拨付项目资金 300 余万，购置了 13 辆流动售书车，拨付全区各县新华书店。

是年 宁夏新华书店集团围绕中心工作，不断加强精神文明建设，积极组织职工参与文艺汇演，参与职工精神风貌好，组织纪律性强，节目质量高，受到了黄河出版传媒集团领导及观众的好评。

是年 贺兰县新华书店职工王磊因交通事故离世后，其遗属生活受到了极大影响，宁夏新华书店集团对照相关规定，认真核实条件后对其遗属及时给予了困难补助，受到职工好评。本年度，宁夏新华书店集团组织慰问困难及有病职工 40 多人次。

2014 年

1月8日 宁夏新华书店集团为适应市场环境，促进企业的持续发展与繁荣，将企业名称变更为"宁夏新华书店集团有限公司"。

同日 宁夏新华书店集团《关于认真做好党的群众路线教育实践活动总结工作的通知》下发实施。

1月10日 王翰在隆德县新华书店菊芋种植项目过程中存在违纪违规行为，经宁夏新华书店集团党委2014年1月7日会议研究决定：撤销王翰隆德县新华书店经理职务，给予王翰党内严重警告处分。

2月18日 经宁夏新华书店集团党委会议决定，集团领导班子分工重新调整。

同日 宁夏新华书店集团总经理办公会议学习了《中国新闻出版报》刊载的《县级新华书店如何应对虹吸效应》一文。总经理蔡文贵要求，此篇文章对全区新华书店的发展很有借鉴和启发作用，各店要组织职工认真学习。

3月11日 宁夏新华书店集团收购宁夏科佩数码技术开发有限公司在宁夏新海利视盘有限公司的全部权益。

同日 宁夏新华书店集团为进一步规范和加强宁夏新海利视盘有限公司的经营管理，有效履行国有资产出资人和控股股东职责，促进宁夏新海利视盘有限公司规范管理，实现有序经营和健康发展，会议表决一致同意由杨扈姓同志担任新海利视盘有限公司董事长，履行法人代表职责，负责新海利视盘有限公司全面工作。

3月24日 宁夏新华书店集团为规范对中央文化产业发展专项资金的使用和管理，充分发挥财政资助资金的利用率，根据文化产业发展专项资金的使用要求，结合宁夏新华书店集团仓储物流中心扩建一期工程项目的实际情况，制定《宁夏新华书店仓储物流中心扩建一期工程项目管理办法》。

4月1日 宁夏新华书店集团总经理办公会议学习了《出版人》刊载的《湖南图书城：迎着市场风向起舞》一文。会议要求各部门、各子（分）公司高度关注行业发展动态，进一步强化经营管理，扩增销售渠道，为继续深化改革、转型升级做出积极贡献。

4月18日 银川市新华书店推广微信公众平台正式提上日程。

4月21日 宁夏新华书店集团总经理办公会议学习了《中国新闻出版报》刊载的《总局今年继续深入开展全民阅读活动》一文。会议要求全区新华书店系统要结合当地实际，积极开展各种活动，为全民阅读活动做出贡献。

同日 宁夏新华书店集团总经理办公会议学习了《中国出版传媒商报》刊载的《发行集团能用微信做点什么》一文。会议指出，集团公司应积极探索微信营销等新型销售模式，为书店社会效益和经济效益的进一步提高提供保障。

4月28日 宁夏新华书店集团下发实施《关于节日期间加强廉洁自律和厉行节约工作及规范发放津补贴、福利的通知》。

4月29日 宁夏新华书店集团下发实施《关于学习〈关于在第二批教育实践活动中组织学习收看电视系列片〈践行群众路线的好榜样〉等有关事项的通知〉的通知》。

同月 宁夏新华书店集团根据《2014年精神文明工作安排》的要求，成立宁夏新华书店集团有限公司精神文明建设工作领导小组及办公室。

同月 《宁夏新华书店集团有限公司加班管理规定（试行）》下发实施。

同月 《宁夏新华书店集团资金管理办法》下发实施。

5月6日 宁夏新华书店集团根据黄河出版传媒集团工会委员会《关于召开宁夏新华书店集团有限公司工会第一次会员代表大会的批复》，召开宁夏新华书店集团工会第一次会员代表大会。黄河出版传媒集团党委委员、纪委书记、工会主席毕彦华出席会议。会议选举周毅卿为工会主席，杨岚为工会副主席，李晓琍为经费审查委员会主任，李嫄为女职工委员会主任。

5月9日 宁夏新华书店集团《关于开展"整作风，提素质，树形象，谋发展"主题活动实施方案》下发实施。

5月12日 宁夏新华书店集团总经理办公会议传达了黄河出版传媒集团对宁夏新华书店集团关于"整作风，提素质，树形象，谋发展"主题整改活动的批示：请书店办公室认真思考，提出市场经营方向的内容，员工如何面对市场，经理班子如何驾驭市场，各实体店如何谋划经营市场，提出经营的新思路，理出经营效益的新思路、新观念，真正实现效益最大化。各店要办出特色，打出品牌，今后集团上下都要树立向市场要效益的理念，全面提高市场意识。服务的目的是效益，没市场、没效益，服务就是空谈。

同日 宁夏新华书店集团总经理办公会议学习了《中国新闻出版报》刊登的《打造"美丽书店"山西样本》一文。会议要求，图书发行是集团的生命线，必须做精做强，要向山西新华书店集团学习，尽快觉醒，赶齐差距，变形式，寻出路，要引导读者，主动作为。

同日 宁夏新华书店集团财务部因在企业统计工作中表现突出，为集团公司赢得自治区统计局联合10家政府部门颁发的"五星级统计诚信单位"荣誉称号，为集团争得了荣誉。

5月22日 宁夏新华书店集团为进一步加强新形势下保密工作的组织领导，加大保密工作力度，根据保密工作要求成立集团公司保密委员会，负责集团公司保密工作的组织、协调和监督检查。

同日 宁夏新华书店集团为了切实转变工作作风，狠抓工作落实，全面提高集团公司重大决策、重要工作部署的办理质量及效率，建立健全对集团公司两会决议和其他重要工作部署的督促检查机制，提高管理效能，强化执行力度，保证集团公司的各项决策落到实处，促进集团公司各项经营工作的顺利进行，决定成立集团督查办公室。

同日 宁夏新华书店集团党委会议学习了《新华每日电讯》刊登的《向旧习惯说不，向潜规则叫板》一文。会议要求，集团公司各部门、各子（分）公司负责人作为集团公司的中坚力量，首先要敢于向旧习惯说不，向潜规则叫板，杜绝以前的陈规陋习，并带领、引导员工树立良好形象，为集团发展创造良好的环境。

同日 宁夏新华书店集团为建立、完善集团公司信访工作责任体系，强化、规范信访工作，维护职工在企业中的合法权益，更好地联系广大职工群众，充分倾听广大职工群众的意见、建议和要求，化解各类矛盾，维护集团公司稳定，促进集团公司经济发展，成立宁夏新华书店集团信访工作领导小组。

5月30日 宁夏新华书店集团总经理蔡文贵带领中层管理人员全文学习了《关于认真学习贯彻〈国务院办公厅关于印发文化体制改革中经营性文化事业单位转制为企业和进一步支持文化企业发展两个规定的通知〉的通知》及《关于转发〈关于4起违反中央八项规定精神和自治区若干规定典型问题的通报〉的通知》。

同月 《宁夏新华书店集团经营目标考核管理规定》和《宁夏新华书店集团有限公司异地工作人员补助管理办法》下发实施。

6月5日 宁夏新华书店集团总经理办公会议学习了《中国出版传媒商报》刊载的《社店合作备战暑期市场》一文。会议要求，图书音像公司要认真总结"六一"儿童节营销活动经验，紧抓暑期时机，积极策划营销活动方案，引导各店拓宽营销思路。作为全区图书发行主体，特别要配合好自治区新闻出版局主办的7月全区读书月活动，提前准备策划组织"少年儿童图书展销会"。

同月 银川市新华书店杨明辉任机关党支部书记，聘任为办公室主任；杨海瑾任机关党支部委员，聘任为人力资源部经理；周静任物流配送中心党支部委员，聘任为采购部副经理（主持工作）；施立萍任机关党支部委员，聘任为办公室副主任。田燕任银川书城支部书记，聘任为银川书城经理；黄海英任鼓楼书店支部书记，聘任为鼓楼书店经理；孟宪辉任鼓楼书店支部委员，聘任为鼓楼书店副经理；尤凤伟聘任为营销部副经理。

7月4日 宁夏新华书店集团党委会议学习了《秘书工作》摘发习近平的文章——《办公厅工作要做到"五个坚持"》。会议要求集团公司各级党员领导干部认真研读该文，切实对照习近平的"五个坚持"反省自身。要以更高的标准要求自己，真正树立起集团公司党员干部的良好形象。

同日 宁夏新华书店集团资产财务部主任李晓琍因工作需要，调动至黄河出版传媒集团纪检监察审计室工作，资产财务部工作由杨秀丽主持。

7月23日 《关于转发〈关于开斋节期间加强监督执纪问责确保清廉过节的通知〉的通知》下发实施。

7月25日 宁夏新华书店集团党委会议传达学习黄河出版传媒集团转发自治区纪委、监察厅《关于开斋节期间加强监督执纪问责确保清廉过节的通知》。会议要求，集团公司党员干部要严格执行各项规定，以身作则、严于律己，坚决抵制各种不良风气。各部门、各子（分）公司要高度重视节日期间的党风廉政建设工作，切实加强组织领导。纪检监察部门要充分发挥职能作用，加强监督检查，凡发现有令不行、有禁不止、顶风违纪的，要严肃查处，并追究领导责任。

同日 宁夏新华书店集团撤销集团公司文化商贸公司。原文化商贸公司的职能业务按照产业发展部、图书音像公司的职能和业务划分，人员分流按照岗位双向选择方式进行。

8月18日 宁夏新华书店集团总经理办公会议学习了《中国出版营销周报》刊载的《开书店办培训：自营或引进的"围城"内外》一文。

同月 银川市新华书店召开第六届工会会员代表大会，选举产生银川市新华书店第六届工会委员会，刘丽智任工会主席。

9月1日 宁夏新华书店集团下发实施《关于转发〈关于加强中秋国庆古尔邦节期间作风建设的通知〉的通知》。

9月2日 宁夏新华书店集团总经理办公会议学习了《新华书目报》刊载的《大连新华书店"袖珍店"开辟新华转型新路》一文。会议要求，集团公司各部门、各子（分）公司要广开思路，勇于借鉴兄弟单位的成功经验，一般图书业务不能仅停留在订货、发货上，需要在经营模式和营销方式上加大探索力度。

9月11日 宁夏新华书店集团总经理办公会议学习了《宁夏党建研究》刊载的吴忠市利通区委组织部《年轻领导干部选拔培养研究》一文。会议要求，今后集团公司在年轻干部的培养、选拔、管理和使用过程中，必须要坚持"早发现,早培养,早选拔,早修正"的思路,努力培养造就一支适应新形势下集团公司发展的年轻干部队伍,以保证新华书店事业健康发展。

10月8日 银川市新华书店聘任黄雅莉为财务部副经理。

10月17日 《宁夏新华书店集团有限公司差旅费管理规定》下发实施。

10月20日 宁夏新华书店集团总经理办公会议学习了国家新闻出版广电总局下发的《部分出版传媒集团和上市公司2014年上半年经营数据分析情况》。

10月31日 《习近平谈治国理政》在银川市新华书店发行。

11月7日 宁夏新华书店集团党委会议学习了习近平在十八届四中全会两次全体会议上的重要讲话、《中共中央关于全面推进依法治国若干重大问题的决定》和习近平关于《决定(讨论稿)》的说明。

同日 宁夏新华书店集团总经理蔡文贵通报2014年全国新华书店发展论坛情况。通过本次论坛的交流学习,相较全国各省市新华书店集团的快速发展、锐意进取和经营管理模式及销售思维的嬗变,加深了集团公司的市场危机感,并意识到宁夏新华书店集团大力锻造文化销售意识和先进经营管理模式是当前发展的迫切需要。

同日 宁夏新华书店集团传达学习《深化新闻出版体制改革实施方案》。按照党的十八届三中全会通过的《中共中央关于全面深化改革若干重大问题的决定》精神和《中共中央办公厅国务院办公厅关于印发〈深化文化体制改革实施方案〉的通知》要求,为了进一步深化新闻出版体制改革,进一步解放和发展新闻出版生产力,促进社会主义文化强国建设,增强国家文化软实力,国家新闻出版广电总局特制订了该方案。方案里提出了建立健全市场准入和退出机制,放宽发行、印刷等企业的准入条件;继续推进新闻出版单位体制改革;扶持少数民族新闻出版工作等相关内容。

11月28日 宁夏新华书店集团副总经理杨扈姓带队,由集团公司纪检监察室、综合办公室、人力资源部、资产财务部、教材教辅公司相关人员组成的检查调研小组,对全区16家子公司进行了为期6天的检查调研。通过查阅账目、调查了解、实地查看等形式,就各子公司落实集团公司相关文件规定、2014年教材教辅发行工作、各子公司临时用工和其他用工、出租房屋等情况进行了细致的检查调研。针对本次检查调研中各子公司查找出来的突出问题，要求各子公司12月15日前整改完成。

  同月 宁夏新华书店集团获得中央文化产业发展专项资金1000万元。"宁夏新华书店仓储物流中心扩建工程"项目是自治区新闻出版广电局重点支持的新闻出版改革发展项目。

  12月3日 宁夏新华书店集团党委会议学习自治区党委书记李建华在全区文艺工作座谈会上的讲话。

  同日 宁夏新华书店集团总经理办公会议学习了《中国出版物发行》刊载的《市场是检验书店经营水平的唯一标准》一文。

  同日 宁夏新华书店集团召开总经理办公会议。总经理蔡文贵传达了黄河出版传媒集团《关于同意宁夏新华书店集团成立宁夏新华圣水文化发展有限公司的批复》，并通报了集团公司投资成立宁夏新华圣水文化发展有限公司的进展情况。

  12月9日 宁夏新华书店集团按照黄河出版传媒集团党委的总体部署，2014年度集团公司各部门、各子（分）公司领导班子、党员干部民主生活会安排在2014年12月25日前召开。

  12月12日 银川市新华书店书香苑书店开业，中国书法家协会副主席、宁夏书法家协会主席吴善璋题写店名。

  12月18日 银川市新华书店由全民所有制企业变更为有限责任公司（国有独资），名称由"银川市新华书店"变更为"银川市新华书店有限公司"。

  12月23日 宁夏新华书店集团党委会议学习《黄河出版传媒集团学习贯彻自治区党委十一届四次全会精神实施意见》。通过本次学习，集团公司各级党组织要进一步严格党内生活，严肃党的纪律，切实坚持"三会一课"制度，不断改进集团公司在党务学习方面的不足。特别是各支部，要充分利用晨会、周例会的机会，认真组织党员干部从不同层面和角度开展学习交流，确保支部会、支委会、民主生活会按照《党章》规定按时召开。

  同日 宁夏新华书店集团党委决定聘任韩志国为宁夏新海利视盘有限公司董

事、副董事长，王玉忠为新海利视盘有限公司常务副总经理，曹海峰为新海利视盘有限公司副总经理；提名李嫄为宁夏新华圣水文化发展有限公司董事，杨秀丽为宁夏新华圣水文化发展有限公司监事；解聘黄海涛永宁分店副经理职务。

是年 黄河出版传媒集团将宁夏黄河书刊发行公司分公司黄河三联书店、黄河三农书店划转宁夏新华书店集团。

2015年

1月8日 宁夏新华书店集团组织图书公司业务员、三联书店和基层新华书店部分经理参加北京图书订货会。

2月15日 宁夏新华书店集团在新春佳节来临之际，为营造欢乐、祥和的节日氛围，推动职工之间团结协作、交流沟通。丰富职工的精神文化生活，集团公司工会举办"迎新春"职工联谊活动。联谊活动设象棋、跳棋、五子棋、"砍牛腿""双扣""跑得快"等比赛项目。

3月11日 宁夏新华书店集团下发实施《开展"守纪律、讲规矩"主题教育活动实施方案》。

3月16日 宁夏新华书店集团为总结2014年工作，安排部署2015年工作，召开全区新华书店经理工作会议。会议期间，签订了2015年度经营目标、党风廉政建设、精神文明建设管理目标责任书。

同日 宁夏新华书店集团开展"阅读与书香为伴"——世界读书日主题摄影大赛活动。

3月30日 宁夏新华书店集团《规范基层书店议事制度》下发实施。

3月31日 宁夏新华书店集团根据《中华人民共和国工会法》相关规定，因工作岗位和职责的变动，决定调整集团公司工会委员。

4月1日 灵武市新华书店对图书卖场进行装修改造，增设了阅读台、长椅、独凳，让顾客告别了站、蹲、席地而坐的阅读时代。为了给顾客创造惬意而舒适的阅读、购物环境，特在门店添置了多盆绿色植物，陈列中增加素雅的小花卉点缀，角落中各种温馨小提示。少儿区域悬挂卡通装饰，为门店增加活跃氛围与艺术气息。此次对图书卖场的装修改造使得卖场通风、采光、消防设施改善，给读者提供一个优美、安全的购书环境，扩大一般图书销售，提升书店的美誉度。

4月21日 宁夏新华书店集团为了配合自治区新闻出版广电局在银川市光明广场启动"宁夏2015年全民阅读活动"仪式，按照黄河出版传媒集团的统一部署和有关要求，积极筹备，细致分工，对各个环节均做了精心布置，届时积极开展优秀出版物展示营销促销等活动。并要求各子（分）公司做好"全民阅读"活动开展情况的信息报送工作。

同日 《宁夏新华书店集团公司领导班子基层工作联系点管理办法》下发实施。

4月23日 《宁夏新华书店集团有限公司资金管理办法（修订）》下发实施。

4月25日 宁夏新华书店集团按照黄河出版传媒集团党委会的决议，委派张锐和杨平军两位同志赴新华文轩出版传媒股份有限公司挂职锻炼、交流学习。

5月6日 宁夏新华书店集团根据《中华人民共和国工会法》《中国工会章程》及有关法律、法规的规定，召开了工会会员代表大会，大会选举周毅卿等7位同志组成工会第一届委员会，完善了企业职工组织。

5月8日 《黄河出版传媒集团开展星级基层服务型党组织创建活动实施意见》下发实施。

5月21日 宁夏新华书店集团为体现集团公司对职工的关心关爱，保证职工身体健康，参照黄河出版传媒集团的相关文件精神，组织职工进行身体健康检查。

5月29日 宁夏新华书店集团党委举办"三严三实"专题党课，黄河出版传媒集团党委委员、副总经理李生龙为集团公司本部全体党员及部分子（分）公司支部书记进行了专题授课。

6月4日 宁夏新华书店集团周毅卿因患重病，无法继续工作，免去周毅卿宁夏新华书店集团党委委员、纪委书记职务（保留原待遇）；宁夏新华书店集团现党委委员、副总经理蔡新云任集团公司党委委员、纪委书记；李廷库任宁夏新华书店集团党委委员、副总经理；马军贵任固原市新华书店经理。

同月　宁夏新华书店集团根据黄河出版传媒集团"可在学校在校人数 3000 人以上的学校开办校园店"的倡导，结合西吉学校实际情况，在西吉县教育局和西吉一中的大力支持下，西吉县新华书店在西吉一中成功开设了新华书店校园店。校园店开设初期通过对西吉一中师生情况的分析，通过沟通，与晨光文具达成合作并使其入驻西吉一中校园店。西吉县新华书店负责校园店图书铺货，图书由电脑系统管理，每季度结账一次；晨光文具负责整体经营以及文具类和其他商品的铺货。校园店经营真正迈入多元化。学生由于经济来源有限，图书购买能力较低，为了向学校提供更便利的阅读服务，校园店探索出图书借阅业务，学生可以在校园店办理图书借阅证，这一措施受到了学生的青睐，使学生和书店实现了双赢。

7月9日　宁夏新华书店集团为总结上半年经验，改进工作，进一步明确和统一集团公司的发展目标，提升运营效率，促进全年工作目标顺利完成，加速集团公司转型升级，在吴忠市召开 2015 年上半年经营管理会暨转型升级研讨会。

同日　全国新华书店文创产品开发专题会议在四川广汉举办，29 个省市新华书店参会，会议主要内容分为"文化走出去"和文创产品展示两部分，形式以经验交流为主。会议期间，宁夏新华书店集团同新华文轩出版传媒股份有限公司就其研发的"供应链协同平台"（目前已有 700 家供应商）达成合作意向，计划 2015 年底在宁夏新华书店集团全面实现外部供应链的部署，争取 2016 年初实现对接。

7月18日　宁夏新华书店集团参加由中国新华书店协会"阅读与书香为伴"——世界读书日主题摄影大赛活动。

7月24日　宁夏新华书店集团印发实施《宁夏新华书店集团连锁门店营销专员管理办法（试行）》。

7月28日　宁夏新华书店集团为确保西夏万达现代图书城建设的顺利实施，加强对项目策划、店面设计、装修施工等工作的组织协调，集团公司决定成立项目领导小组，组长蔡文贵，常务副组长杨扈姓，副组长蔡新云、李文斌、李廷库，成员纳永、杨岚、杨秀丽、李嫄、张锐、王军。领导小组下设办公室，办公室主任杨扈姓，副主任李嫄，成员蒋海艳、杨平军、冯东博、孙永江、王翰。办公室负责处理领导小组日常事务。

同日 宁夏新华书店集团因工作需要，对班子成员的分工做了调整：纪委书记蔡新云不再分管集团公司教材教辅业务及教材教辅公司，由李廷库分管；蔡新云不再分管集团公司人事工作及人力资源部，由李文斌分管。蔡新云专职分管集团公司纪检监察和党群工作。其他分工保持不变。

7月29日 宁夏新华书店集团本部现在使用的燃煤锅炉购置于2004年，锅炉供热效率大为下降，不能满足冬季供热要求，决定采取天然气锅炉承包经营方式解决公司总部冬季供暖问题。

9月14日 宁夏新华书店集团为增强市场竞争能力，加快多元化经营和转型升级步伐，增加经营范围。主营国内版图书、期报刊、音像制品、电子出版物批发和零售；兼营文体用品、工艺品、食品、日用百货、玩具、儿童益智用品、办公设备及耗材、电子产品及设备、教学仪器设备、通信设备及配件、电脑及配件、装潢包装材料、五金交电零售、教育培训、房屋租赁、墙面出租、广告制作及国家批准允许的其他业务。

10月16日 宁夏新华书店集团为鼓励师生亲近书本，阅读好书，与经典为友，与博览同行，"徜徉书海，享受阅读"校园售书活动，应邀于10月16—17日来到银川市高级中学现场售书。其间，恰逢银川市高级中学举办运动会，图书公司精心组织一批学生课外阅读用书，走进学校开展优惠售书服务。

11月20日 宁夏新华书店集团为规范公文格式，提高公文写作水平，集团人力资源部举办公文写作专题培训课，特邀请集团综合办公室副主任马鑫讲授，集团各子（分）公司文秘岗位工作人员和信息报送员参加了此次培训。培训收到了良好效果。

12月28日 宁夏新华书店集团党委召开2015年度领导班子"三严三实"专题民主生活会。会议由总经理蔡文贵主持，全体党委班子成员参加会议。黄河出版传媒集团组织（人力资源）部部长宋宗顺、纪检监察审计室副主任孟尚到会指导。新华书店集团有关部门、分公司负责人和党员代表列席会议。

2016 年

1月4日 宁夏新华书店集团印发《关于认真做好农家书屋图书配送工作的通知》。

1月25日 宁夏新华书店集团为了加强对教辅资料品种选定、采购和发行价格的管理，强化监督机制，进一步降低成本、增加利润空间，成立宁夏新华书店集团教辅资料工作领导小组。蔡文贵为组长，蔡新云、李文斌、杨扈姓、李廷库为副组长，朱艳红、纳永、杨岚、杨秀丽为成员。

1月27日 宁夏新华书店集团印发《宁夏新华书店集团有限公司2015年度领导班子"三严三实"专题民主生活会总结》。

同月 宁夏新华书店集团图书音像公司荣获了由中国建筑工业出版社颁发的2014—2015年度优秀单位奖。因个人工作成绩突出，图书音像公司两名采购人员马恋、靳会景分别被授予外语教学与研究出版社2015年度金牌采购经理的殊荣及中国建筑工业出版社2014—2015年度优秀业务经理奖。

同月 宁夏新华书店集团组织开展2015年度考核工作。

2月3日 宁夏新华书店集团印发《关于表彰2015年度先进集体和优秀员工的决定》。

2月4日 宁夏新华书店集团印发《关于加强节前安全工作的通知》。

2月15日 宁夏新华书店集团领导干部在总经理办公会上学习了《出版商务周报》刊载的《2015年十大实体书店》一文。

2月16日 宁夏新华书店集团印发《关于开展实体店服务贯标活动的通知》。

2月18日 宁夏新华书店集团印发《关于宁夏新华书店集团班子成员分工调整的通知》。

2月19日　宁夏新华书店集团党委会议决定，免去刘学钧同志青铜峡新华书店经理职务，青铜峡新华书店工作由高继军同志主持。

同月　宁夏新华书店集团被银川市社保局评为"银川市社会保险诚信单位"。

3月1日　全区新华书店经理工作会议在中宁召开。黄河出版传媒集团党委委员、副总经理闫智红，黄河出版传媒集团派驻新华书店集团财务总监，纪委派驻发行单位督导员以及新华书店集团中层副职以上干部共49人参加会议。会议由宁夏新华书店集团副总经理李文斌主持。

3月29日　宁夏新华书店集团党委印发《宁夏新华书店集团有限公司党委2016年度党风廉政建设"两个责任"清单》。

4月5日　宁夏新华书店集团印发《关于认真做好2016年秋季全区中小学教材教辅征订工作的通知》。

4月22日　中卫市新华书店在中卫市委、政府的强力支持与推动下，在上级领导的大力关怀下，中卫市新华书店"读客·书苑"正式开张，"读客·书苑"的开业标志着宁夏新华书店集团在实体书店的转型升级上迈出了坚实的一步。"读客·书苑"吸引了香山读书会的加入，成为东方圣杰教育的绘本讲座基地，也成了中卫市文化的新地标。其间，成功举办了唐荣尧、郭文斌等作家的讲座，受到了市委、政府的充分肯定，得到了中卫人民的热烈追捧。

4月26日　宁夏新华书店集团印发《〈宁夏新华书店集团有限公司资金管理办法〉〈宁夏新华书店集团有限公司差旅费管理规定（修订)〉的通知》。

同月　宁夏新华书店集团批准吴忠市新华书店按照劳动法解除职工梁祥的劳动合同关系。

5月3日　宁夏新华书店集团印发《宁夏新华书店集团有限公司关于下达各子公司2016年度经营目标的通知》。

同日　宁夏新华书店集团印发《关于加快"贯标"工作进度的通知》。

同日　宁夏新华书店集团印发《关于〈在集团全体党员中开展"学党章党规、学系列讲话，做合格党员"学习教育实施方案〉的通知》。

5月4日　宁夏新华书店集团为加强党建工作，充分发挥共产党员的先锋模范作用和党支部战斗堡垒作用，便于各党支部更好地贯彻落实集团党委文件精神，开展各项党务活动，加强党支部成员的工作学习力度，对行政党支部进行调整。

同日 宁夏新华书店集团为做好海原县新华书店扩改建项目建设工作，集团公司决定成立海原县新华书店扩改建项目领导小组。组长蔡文贵，常务副组长李廷库，副组长蔡新云、李文斌、杨扈姓，成员邓永清、纳永、李媛、杨秀丽。领导小组下设办公室，办公室主任由李廷库兼任，办公室副主任由邓永清兼任，办公室成员有李鹏飞、崔发明、田慧兰。领导小组主要负责海原县新华书店扩改建项目的规划、部署、组建实施等工作，指导监督项目建设工作的开展，协调解决工作过程中遇到的困难和问题。

5月13日 宁夏新华书店集团印发《关于认真做好〈习近平总书记系列重要讲话读本（2016年版）〉发行工作的通知》。

5月27日 宁夏新华书店集团印发《关于印发〈宁夏新华书店集团有限公司管理人员竞聘上岗实施方案〉的通知》。

6月6日 宁夏新华书店集团印发《宁夏新华书店集团有限公司关于增设、调整内设机构和管理人员编制的报告》。

同日 宁夏新华书店集团印发《关于做好消防安全工作的通知》。

6月21日 宁夏新华书店集团印发《关于印发〈新华书店集团公司连锁门店安全管理规定〉等规章制度的通知》。

6月27日 宁夏新华书店集团印发《关于做好2016年上半年工作总结和下半年工作安排的通知》。

同日 宁夏新华书店集团印发《关于转发〈关于在集团开展贯彻落实中央八项规定精神"回头看"的通知〉的通知》。

6月30日 宁夏新华书店集团印发《宁夏新华书店集团有限公司关于开展贯彻落实中央八项规定精神"回头看"实施方案》。

7月1日 宁夏新华书店集团党委组织全体党员干部观看学习中共中央总书记习近平在庆祝中国共产党成立95周年大会上发表的重要讲话。集团党委要求各党支部要制定贯彻落实重要讲话精神的具体措施,切实把重要讲话精神落到实处,通过学习让每一名党员做到"不忘入党初心,永远跟党走"。要充分发挥新华书店作为党的政治思想宣传主阵地和主渠道作用,做好习近平《在庆祝中国共产党成立95周年大会上的讲话》单行本和《中国共产党的九十年》一书的宣传、推广和发行工作。

同日 中卫市新华书店党支部邀请中卫市委党校教师常超做"两学一做"教育解读专题学习,以"夯实学习基础,争做合格党员"为主题,深刻讲解了党员干部要真正落实"两学一做"学习教育要求,必须对焦"为何学,学什么,如何学"这三大问题。

7月4日 宁夏新华书店集团印发《宁夏新华书店集团公司关于认真贯彻习近平总书记在庆祝中国共产党成立95周年大会上的重要讲话精神的通知》。

7月11日 宁夏新华书店集团印发《宁夏新华书店集团2016年上半年总结暨下半年工作计划》。

7月12日 中卫市新华书店党支部召开支部大会。会上,党支部书记张智祥带领全体党员学习《党章》,并开展查理想信念真不真,树坚定正确政治方向的自查活动。

同月 宁夏新华书店集团预备党员韩磊、王勇转正,新吸收杨秀丽、张燕、胡耀光三人为预备党员。

同月 宁夏新华书店集团正式启动新华书店系统干部竞聘上岗。竞聘上岗工作最终确定了新一任期管理岗位的干部,其中女干部15人,占比26%;40岁以下干部27人,占比47%;从员工岗位提拔到管理岗位人员21人,占比36%;干部任职交流比例达到85%;轮岗人员比例高于39%。这次机构调整,得到了绝大多数员工的理解和支持,让年轻优秀人才脱颖而出。整个过程从动员报名、资格审查、竞聘笔试、竞聘面试、宣布成绩到红榜公示,环环相扣,紧凑有序,结果公平公正。全体员工态度端正、认真准备,保持了大局的稳定和工作的有续衔接,工作人员高度负责,本次竞聘给员工提供了一个公平竞争的舞台,整个竞聘过程,是一个工作交流、相互沟通的过程,为今后集团公司改革与发展奠定了坚实的基础。

8月3日　宁夏新华书店集团党委为加强基层党组织建设和党员管理，充分发挥基层党组织的战斗堡垒作用和共产党员的先锋模范作用，成立宁夏新海利视盘有限公司党支部。

8月8日　宁夏新华书店集团仓储物流中心扩建项目室内装修、外电网工程招标。

8月10日　宁夏新华书店集团印发《自治区党委巡视组巡视反馈问题整改落实情况汇报》。

同日　宁夏新华书店集团印发《宁夏新华书店集团有限公司2016年上半年预算执行情况通报》。

8月11日　宁夏新华书店集团成为自治区党校中青班学员宿舍图书配备中标单位。

同日　中卫市新华书店为更好地宣传"读客·书苑"，扩大"读客·书苑"在中卫读者中的熟知度和影响力，在中卫市委宣传部的大力支持下，中卫市新华书店联合市教育局、文联、图书馆、文化馆、作家协会、香山读书会在中卫市新华书店"读客·书苑"承办了"新华讲堂之郭文斌——阅读就是生产力"公益宣传讲座活动。

8月22日　黄河出版传媒集团副总经理闫智红亲临宁夏新华书店集团教材库房，重点检查教材教辅发运情况。

8月23日　海原县新华书店在中卫市公共资源交易中心公开进行的海原县图书馆馆藏图书项目中，成功中得此次图书馆配项目，此次项目的中标，连锁门店发挥了当地人员熟、联系紧的优势，而图书音像公司发挥了信息广、资源多的优势。双方默契地配合，充分体现了连锁门店与宁夏新华书店集团紧密合作的精神，展现出集团整体竞争实力。

8月25日—9月2日　宁夏新华书店集团总经理蔡文贵及相关人员陪同黄河出版传媒集团副总经理闫智红，赴全区各店检查教材到货及运送情况。每到一店，闫智红认真了解各店教材教辅的运送情况，并就认真做好教材教辅余缺调剂，保证学生用书进行了指导。

8月26日 宁夏新华书店集团全体员工观看《一个人的课堂》。

9月8日 宁夏新华书店集团图书音像公司党支部按计划完成"两学一做"学习任务后，向所有党员发起倡议，倡议得到所有党员的响应，定于9月10日上午由党员带头、群众自愿参加，对卫生环境进行整治。以实际行动践行"两学一做"学习成果，将库房门口堆放的货架重新整理，并将左右两侧花坛的杂草及垃圾清除。

同日 宁夏新华书店集团图书音像公司党支部按照集团党委关于开展"学党章党规、学系列讲话，做合格党员"的学习教育实施方案的要求，按照公司党支部的学习计划安排，进行了第六次全体党员集中学习。此次学习，围绕"查理想信念真不真，树坚定正确的政治方向"主题进行学习讨论。在本次学习过程中，支部还安排了年轻党员徐旭和入党积极分子董舒婷两位同志，站在她们的角度带领大家学习。

9月19日 宁夏新华书店集团印发《宁夏新华书店集团有限公司连锁门店工服管理办法的通知》。

9月20日 《胡锦涛文选》在全区新华书店正式发行。上午9时10分，自治区党委常委、宣传部部长、自治区政协副主席蔡国英在自治区新闻出版广电局和黄河出版传媒集团领导陪同下，来到银川书城就《胡锦涛文选》的发行工作莅临指导。

9月26日 宁夏新华书店集团仓储物流中心外电网工程招标。

9月30日 宁夏新华书店集团组织全体员工观看《钱学森》。

10月8日 宁夏新华书店集团党委印发《宁夏新华书店集团公司关于中层管理人员推荐任职的请示》。

10月18日 宁夏新华书店集团党委印发《关于马梅玲等同志职务任免的通知》。

10月20日 宁夏新华书店集团印发《宁夏新华书店集团有限公司2016年度第三季度预算执行情况通报》。

10月23日 宁夏新华书店集团党委印发《关于召开中共宁夏新华书店集团有限公司第二次党员代表大会的请示》。

10月26日 宁夏新华书店集团印发《关于印发〈宁夏新华书店集团有限公司异地工作人员补助管理办法〉的通知》。

同日 宁夏新华书店集团印发《关于宁夏新华书店集团领导分工调整的通知》。

10月28日 宁夏新华书店集团印发《关于做好全区免费教科书发行的通知》。

10月31日 宁夏新华书店集团印发《关于认真做好全区新华书店2016年度年终一般图书盘点工作的通知》。

11月1日 宁夏新华书店集团印发《关于参加2016年中国技能大赛——全国新闻出版广播影视行业职业技能选拔赛的通知》。

11月2日 宁夏新华书店集团党委印发《关于宁夏新华书店集团公司党委各党支部书记任免的通知》。

11月4日 灵武新华书店为进一步加强职工安全意识,全面普及消防安全知识,推进消防安全宣传工作,特邀请灵武安全消防宣传中心马教官为职工进行消防安全培训。马教官通过一个个真实生动的火灾案例,深入浅出地讲述消防安全的重要性,从防火、灭火、逃生、自救四个方面进行重点阐述,并讲述各种消防器材的性能和灭火器的使用方法等一系列消防安全知识。同时对用电、用气等方面进行讲述,重点介绍家庭消防安全的重要性,让职工充分认识到"隐患险于明火,防范胜于救灾,责任重于泰山"。此次培训使全体职工对做好单位、家庭消防安全工作的重要性和意义有了进一步认识,消防知识和自防自救能力也得到了极大提高。

11月7日 宁夏新华书店集团党委印发《关于姚亮等同志职务解聘的通知》。

11月9日 同心新华书店党支部为深入推进"两学一做"学习教育,不断强化党员干部理想信念,结合纪念红军长征胜利80周年各项活动,召开了"长征精神""两学一做"专题讨论会。通过沟通交流,党员干部深刻认识到无私奉献的共产主义精神、团结友爱的集体主义精神、艰苦奋斗的创业精神、实事求是的探索精神才是当下每位党员必须坚定理想信念，做一名合格的共产党员所发扬的长征精神。

11月11日 宁夏新华书店集团党委印发《关于划拨2016年秋季全区免费教科书资金的请示》。

同日 宁夏新华书店集团印发《关于参加全国技能大赛（发行行业）宁夏选拔赛的紧急通知》。

同日 宁夏新华书店集团印发《关于中共宁夏新华书店集团有限公司第二届委员会和纪律检查委员会的组成人员候选人预备人选的请示》。

11月14日 红寺堡新华书店党支部根据"两学一做"学习安排，组织党员对习近平关于《加强和规范党内政治生活加强党内监督》讲话和《关于新形势下党内政治生活的若干准则》《中国共产党党内监督条例》的具体内容进行深入学习。

同日 宁夏图书音像公司经理王军代表宁夏新华书店集团公司陪同自治区新闻出版局反非法与违禁出版物处负责人，前往灵武市白土岗小学进行校园图书捐赠活动。共捐赠图书200多册，价值5000余元。图书品种涵盖了中国传统文化、童话、中外文学经典、儿童百科、学习字典等，非常符合"健康向上、知识性强，适合小学生阅读的图书"的活动要求。此次捐赠活动是宁夏新华书店集团响应全民阅读"用书本传递爱心，让知识铸造梦想"，用实际行动履行社会责任，助推公益爱心活动开展。

11月15日 宁夏新华书店集团印发《关于增加经营范围的请示》。

同日 宁夏新华书店集团党委副书记蔡文贵主持了集团党委中心组第17次学习。中心组成员及集团本部各支部书记参加学习。学习中强调，首当其责、责无旁贷，主动思考、主动担当，对照组织部门职责、十八届六中全会精神以及《关于新形势下党内政治生活的若干准则》《中国共产党党内监督条例》要求，认真梳理，逐项细化，明确目标要求、推进措施，列出具体责任清单。要把全会精神体现到严抓党员干部教育培训中，结合"两学一做"学习教育活动，以领导干部为重点，分层分类加强全会精神培训，组织好广大党员干部学习。

11月16日 宁夏新华书店集团印发《关于召开中共宁夏新华书店集团有限公司第二次党员代表大会的通知》。

11月17日 为增强职工的消防安全意识，提高应急处理和自我保护能力，宁夏新华书店集团特邀北京卫民安消防教育咨询中心靳教官在集团二楼会议室举行消防安全知识培训。集团各部门及永宁、贺兰店20余人参加了培训。在培训过程中，教官多次现场提问，引发大家的思考，调动大家学习的热情，达到了良好的互动效果。培训结束后又进行了实地演练，充分达到了理论与实践相结合的效果。通过培训，大家充分认识到消防安全是一项全社会的工作，涉及每个单位，每个部门，更涉及千家万户，必须增强责任心和使命感。

11月18日 宁夏新华书店集团党委根据《关于同意召开中国共产党宁夏新华书店集团有限公司第二次代表大会的批复》和《关于宁夏新华书店集团有限公司党委、纪委换届候选人预备人选的批复》精神和有关规定，中国共产党宁夏新华书店集团有限公司第二次代表大会于2016年11月18日上午9时30分召开。大会应到代表72名，实到68名，因事因病请假4名。会议听取审议通过了中共宁夏新华书店集团有限公司委员会和纪律检查委员会的工作报告；以无记名投票差额选举的方式，选举产生了中共宁夏新华书店集团有限公司第二届委员会委员和纪律检查委员会委员。根据《中国共产党章程》等有关规定，分别召开了中共宁夏新华书店集团有限公司第二届委员会第一次全体会议和纪律检查委员会第一次全体会议，选举了党委书记、纪委书记。选举结果：蔡文贵、蔡新云、杨虺姓、张照飞、张智祥为党委委员，蔡新云、西瀚华、马梅玲、张锐、杨岚为纪委委员；选举蔡文贵为党委书记，蔡新云为纪委书记。

11月21日 宁夏新华书店集团综合办公室党支部召开支部会议，认真学习党的十八届六中全会精神和《求是》中刊载的《不忘初心，做新时期合格共产党员》一文，把学习贯彻六中全会精神纳入"两学一做"学习教育活动中，并对下一步的学习贯彻进行具体部署。人力资源部党支部根据集团党委提出的学习要求及"两学一做"学习安排，对《关于新形势下党内政治生活的若干准则》

和《中国共产党党内监督条例》等内容进行深入学习。

11月28日 宁夏新华书店集团派员参加在贵州举办的第四期全国新华书店经理研修班。

12月8日 宁夏回族自治区新闻出版广电局反非法与违禁出版物处副处长王燕、宁夏新华书店集团公司副总经理张智祥、集团图书发行公司经理王军、黄河三联三农书店经理蒋海燕一行为宁夏儿童福利院送去了价值5000元的图书。

12月9日 根据宁夏回族自治区党委组织部、国资委党委关于开展2016年度国有企业基础服务型党组织评星定级工作的相关要求，以及黄河出版传媒集团党委下发的《黄河出版传媒集团开展星级基层服务型党组织创建活动实施意见》《关于2016年度基层服务型党组织评星定级工作的通知》精神，经各基层党组织酝酿推选，黄河出版传媒集团党群工作部汇总评定，宁夏新华书店集团党委、新华书店教材教辅公司党支部、图书音像公司党支部、吴忠新华书店党支部、中卫新华书店党支部、固原新华书店党支部、石嘴山新华书店党支部、灵武新华书店党支部、海原新华书店党支部被评为三星级基层服务型党组织，贺兰新华书店党支部、永宁新华书店党支部、宁夏外文书店党支部、综合办公室党支部、人力资源党支部、财务产业发展党支部、平罗新华书店党支部、惠农新华书店党支部、隆德新华书店党支部、彭阳新华书店党支部、青铜峡新华书店党支部、中宁新华书店党支部、西吉新华书店党支部、同心新华书店党支部、盐池新华书店党支部、内退退休党支部被评为二星级基层服务型党组织。

12月12日 宁夏新华书店集团根据整体战略发展的规划，重新设立宁夏泾源新华书店有限公司。

12月13日 宁夏新华书店集团印发《宁夏新华书店集团有限公司2016年度党员领导干部民主生活会实施方案》。

12月15日 宁夏新华书店集团党委按照黄河出版传媒集团党委《关于认真开好2016年度集团党员领导干部民主生活会的通知》（黄河出版党发〔2016〕63号）要求，认真做好集团公司领导干部民主生活会的各项准备工作。面向各部门、各子（分）公司发放"征求意见表"共计55份，截至2016年12月19

日收回52份，征集到对集团公司领导班子的意见建议24条。班子成员之间、班子成员与分管部门同志进行谈心。通过推心置腹的谈心，交流意见，沟通思想，达成了共识，为查摆问题奠定了良好的思想基础。2016年12月26日上午，集团领导班子召开了专题会议，对照《准则》《条例》规定和要求，结合征求的意见与建议，认真查找工作中存在的问题与不足。2016年12月28日将民主生活会实施方案、请示、会议议程等以报告形式向黄河出版传媒集团党委报告并抄报纪检监察审计室、组织（人力资源）部并做了汇报，经批准同意2017年1月9日召开。

12月19日 宁夏新华书店仓储物流中心扩建工程是宁夏新华书店集团申报的2013年中央文化产业发展专项工程，获专项资金1000万元。从2014年3月17日成立项目领导小组以来，抓紧落实立项备案等工作，仓储物流中心规划面积为5681.18平方米，由广西华景城设计有限公司设计图纸，设计一楼为图书仓库，二楼为现采交易展厅及图书音像公司，三楼为办公区。2015年7月完成蓝图审核，8月施工及监理单位进场，8月28日正式开工，2016年9月29日主体土建部分竣工验收完成。相继开始招标内部装修、玻璃隔断、外电网改造等事项。经过两个多月的施工，各项工程于12月19日完工通过验收并可以投入使用。

12月21日 宁夏新华书店集团为进一步加强项目工作的管理和协调，全力推进投资项目的建设，成立集团项目领导小组。领导小组下设办公室，办公室设在产业发展部，李嫄兼领导小组办公室主任。

12月28日 为加强宁夏新华书店集团经营核算单位的经营管理，正确评价与总结员工2016年度的工作业绩，认真总结2016年度工作，有效落实年度经营目标，促进集团全面工作稳步开展，集团考核领导小组将于2017年1月3—6日对集团各部门、各（子）分公司进行考核。

12月29日 宁夏新华书店集团印发《关于集团公司本部员工双向选择定选的通知》。

12月31日 银川市新华书店召开换届选举大会，选举产生银川市新华书店新一届党委、纪委领导班子。

2017年

1月23日 银川市新华书店召开2016年度总结暨表彰大会，对2017年度工作进行了部署安排，并签订了经营管理、党建、党风廉政建设、安全生产工作等目标责任书。

1月24日 宁夏新华书店集团为贯彻落实《宁夏新闻出版广电局关于春节期间发挥农家书屋作用丰富农村文化生活的通知》精神，在当地同时开展"送文化进农村"活动。此活动的开展，旨在让村民方便购书，促进全民阅读，活跃和丰富村民精神文化生活，提高村民整体素质和文明程度，满足当地广大人民群众文化需求，促进一般图书销售业绩，提升新华书店的知名度和品牌形象。

2月24日 宁夏新华书店集团搬迁至新办公楼。

3月6日 宁夏新华书店集团成立新华书店纪念活动宁夏组委会。蔡文贵为主任，蔡新云、许海雁、杨扈姓、张照飞、张智祥为副主任，蔡家龙、李欣、马建文、史振华、马军贵、朱艳红、代琛、杨建军、孙晨虎、高继军、纳永、袁军、邓永清、张继川、焦伟、王天科、李鹏飞、黄海涛、王勇、李东宁为成员。组委会下设办公室，张智祥为主任，马梅玲、张锐、杨秀丽、李嫄、杨岚、王军、杨明辉、苏楠、白娇艳、李自强、朱晓梅、张燕、侯晨欣为成员。

同月 新华书店80周年纪念活动宁夏组委会决定开展一系列纪念活动，包括召开纪念大会，出版发行《中国新华书店发展大系·宁夏卷》，开展"我与新华书店的故事"征文，参与"最美书店"评选，颁发80周年荣誉证章（证书），举办图书联展，推荐作家、名人担任"新华书店全民阅读活动推广大使"，送书进基层，举办新华书店80周年纪念图书展，参加2017年"丝绸之路"宁夏·银川国际马拉松赛5公里迷你马拉松。组委会积极把握"文化先行"的发展机遇，以地方政府名义,率先在全国举办"塞上读书节"活动,实现"以书会友"的全国展销会先例。

附录 1

宁夏新华书店机构设置情况表

	机构设置		
	变更	组建	撤销
1952 年		秘书科	
		业务科	
		人事科	
		服务科	
1953 年	服务科	银川支店	
1961 年 6 月		图书馆供应部	
1965 年 10 月		图书服务队	
1969 年 9 月	宁夏回族自治区新华书店并入毛主席著作出版办公室		
1969 年			宁夏回族自治区新华书店
1970 年 2 月		宁夏新华书店革命委员会	
1974 年		宁夏回族自治区新华书店	宁夏新华书店革命委员会
1981 年		调研科	
1988 年	宁夏图书贸易公司经营部	宁夏新华书店图书发行部	
1994 年 7 月		教育书店	
1994 年		宁夏新华图书有限责任公司	

续表 1

	机构设置		
	变更	组建	撤销
1995 年		银川市新华实业总公司	
		银川新华经济开发中心	
	发行部	银川教育书店	
		银川音像图书批发中心	
1996 年 3 月	人事教育科	人事劳动科	
	调查研究科	职工教育科	
1997 年 5 月			宁夏新华图书有限责任公司
1998 年 2 月		宁夏新华书店图书批销中心	
1999 年 11 月			宁夏新华书店图书批销中心
1999 年 12 月	红寺堡新华书店		
	宁夏新华旅行社		
2000 年 4 月	总经理办公室		
	人事劳动科		
	计划财务科		
	职工教育科		
	行政科		
	图书批销中心		
	教材发行部		
	宁夏教育书店		
	电子音像发行部		
	储运部		
	图书销售部		
2002 年 12 月			
2004 年 7 月		宁夏新华书店图书音像批销中心	

续表2

	机构设置		
	变更	组建	撤销
2006年4月	人力资源部	信息策划部	职工教育科、行政科
			储运部
2008年1月			信息策划部
2008年6月		监察室	
2013年6月		文化商贸公司	监察室
		产业发展部	
	计划财务科	资产财务部	
	办公室	综合办公室	
2014年8月			文化商贸公司
2016年8月		纪检监察审计室	
		仓储物流公司	

附录 2

宁夏新华书店历任领导班子任职情况表

起迄时间	总经理	党总支书记（党委书记）	副总经理	备注
1949年10月—1950年5月	李和春		崔生祥	
1950年6月—1951年7月	王维藩		崔生祥	
1951年8月—1954年8月			崔生祥	
1958年9月—1964年12月	崔生祥	崔生祥	李得庆	
1965年1月—1967年12月		李得庆	李得庆	
1968年1月—1969年8月	王新全（主任、军代表）	李得庆	李得庆（副主任）	区书店革委会
1969年9月—1974年10月	李得庆（组长）		姚鸿儒（副组长）	合并到"毛著办"
1975年11月—1984年3月	李得庆	李得庆	姚鸿儒 马逵	
1984年4月—1985年11月	姚鸿儒		姚仪生 王富安	
1985年12月—1988年12月	周建	姚鸿儒	姚仪生 王富安	
1989年1月—1989年4月		姚鸿儒	王富安	主持工作
1989年5月—1995年11月	王渊如	王渊如	张建国 孙原	
1995年12月—1998年1月	张建国	张建国	孙原	
1998年2月—2001年4月	张建国	张建国	孙原 侯金枝 苏保国	副书记

续表 1

起迄时间	总经理	党总支书记(党委书记)	副总经理	备注
2001年4月—2004年3月	张建国	张建国	孙　原 侯金枝 苏保国 蔡新云	副书记
2004年3月—2005年5月	张建国	张建国	孙　原 侯金枝 苏保国 蔡新云	副书记
2005年5月—2006年4月	张建国	张建国	侯金枝 苏保国 蔡新云 何学军 李锁信 胡银海	
2006年4月—2009年7月	李海舟	李海舟	蔡新云 王　军 何学军 李锁信	副书记 胡银海（工会主席）
2009年8月—2009年11月	李海舟	李海舟	蔡新云 何学军 李锁信 周毅卿	副书记 胡银海（工会主席）
2009年11月—2010年8月	李海舟	李海舟	蔡新云 李锁信 周毅卿	副书记 胡银海（工会主席）
2010年8月—2010年12月	李海舟	李海舟	蔡新云 顾自安 李锁信 周毅卿	副书记 胡银海（工会主席）

续表2

起迄时间	总经理	党总支书记(党委书记)	副总经理	备注
2010年12月—2012年8月	王 军	李海舟	蔡新云 顾自安 李锁信 周毅卿	副书记 胡银海 （工会主席）
2012年8月—2013年3月	顾自安 （主持工作）	李海舟	蔡新云 李锁信 周毅卿	副书记
2013年4月—2013年5月	李海舟 （主持工作）	李海舟	蔡新云 李锁信 周毅卿	副书记
2013年6月—2013年10月	蔡文贵	李海舟	蔡新云 李文斌 杨扈姓 周毅卿	
2013年10月—2015年8月	蔡文贵		蔡新云 李文斌 杨扈姓 周毅卿	
2014年5月—2015年8月			周毅卿	纪委书记、工会主席
2015年8月—2016年10月	蔡文贵		蔡新云 李文斌 杨扈姓 李廷库	纪委书记、工会主席
2016年10月—2016年12月	蔡文贵	蔡文贵	蔡新云 杨扈姓 张照飞 张智祥	纪委书记、工会主席

后记

《中国新华书店发展大系·宁夏卷》即将付梓，这一凝聚着全体编撰人员心血、寄托着全体员工期盼的重要工作终于圆满完工。本书全面总结了宁夏新华书店的发展历程和成败得失，在尊重历史的基础上，更加注重采撷亮点与经验，汲取经验与教训，以期获得"鉴于过往，以资来者"的成效。

宁夏新华书店自1949年成立以来，先后经历了建店、发展、"文化大革命"、求新、改革、转型等时期。尤其在粉碎"四人帮"以后，宁夏新华书店主要经历了四个阶段的改革历程。第一阶段（1982—1997年），逐步建立起以宁夏新华书店为主体，多种经济成分、多条流通渠道、多种购销形式、少流转环节的图书发行网络。第二阶段（1998—2008年），宁夏新华书店开始建立图书批销中心，转换企业经营机制，在企业内部实施人事、劳动、分配"三项制度"改革；"入世"以来，进入"转企、改制、连锁"阶段。第三阶段（2009年至今），文化体制改革，组建宁夏新华书店集团。经过三个阶段的改革，新华书店初步进入市场化体制运作。68年风雨沧桑，成长壮大，形成特色明显、网点遍布、多元发展的图书发行格局。凝聚着宁夏新华人的心血与期望，全国各类优秀图书走进市场，来到千百万读者身旁，为传承先进文化、繁荣宁夏经济社会发展做出了不懈的努力。

改革的阵痛最终催生出发展的动力，体制机制的转换激发了创造的活力。并入黄河出版传媒集团7年来，宁夏新华书店集团的社会效益不断彰显，经济效益稳步提升，员工收入大幅增长。岁月如梭，我们继承着奋斗与激情，延续着美好的梦想。客观地总结过去，更好地把握现在，让未来的发展之路越走越宽广。

当我们掩卷沉思、溯本求源时，作为新华书店的一员，我们是骄傲的、自信的。因为，热情传播文明的果实，默默耕耘于书林瀚海，这正是一代又一代图书发行工作者的最高追求。从历史中我们汲取的正是这份营养。面向网络时代、信息时代、智能时代，我们可以说，继承和发扬新华书店的光荣革命传统，重新召唤属于新华人的这份骄傲，我们将从自己的岗位开始。

在编写本书的过程中，我们力求运用历史唯物主义的科学方法，实事求是地反映宁夏新华书店的历史面貌。按照中国新华书店协会关于发展大系撰写工作的要求，书中的各项数字、资料和名录等均以2017年3月为下限，体例采用编年体。本书除记载了宁夏新华书店翔实的历史资料外，更重要的是反映了新华书店创业、开拓和发展的过程。

毋庸置疑，作为新华人，我们赶上了深化文化体制改革、推动社会主义文化大发展大繁荣的美好时代。我们将紧紧把握大好机遇，以只争朝夕、开拓奋进的精神，推动宁夏出版发行产业跃上新台阶，谱写更加绚丽动人的新篇章，为实现民族复兴的伟大"中国梦"贡献自己的才智和力量。